ニコラオス・カバシラス 著

ΝΙΚΟΛΑΟΥ ΚΑΒΑΣΙΛΑ

聖体礼儀の注解

ΕΡΜΗΝΕΙΑ ΤΗΣ

ΘΕΙΑΣ ΛΕΙΤΟΥΡΓΙΑΣ

長司祭　イオアン長屋 房夫 訳

教友社

凡　例

一、この翻訳には Migne P.G. 150, 368–492 を底本として「モスクワ総主教庁ジャーナル」（Журнал Московской Патриархии）で一九七一年一月号から連載されたロシア語訳を基本にした。また現代ギリシア語訳された「オルトドクソス・キプセリ」出版社、一九七八年、テッサロニキ、ギリシア）の Μακαριου Νικολαου Καβασιλα. “Ερμηνεία της θείας λειτουργίας και τα κεφαλαια περι ιερωσυνης του οσίου Θεογνωστου” を参考にした。

二、聖書は「新共同訳」を用い、引用書名略語も新共同訳に従ったが、詩編だけ正教会訳テキストを用いた。詩編は正教会と新共同訳とに章節の相違があるので引用表示は（正教会聖詠／新共同訳詩編）の順に示した。最終頁に正教会と新共同訳聖書の対比表を載せた。

三、聖体礼儀のテキストは日本正教会翻訳『奉事経』一九五七年、正教本会版にある『吾が聖神父金口イオアンの聖体礼儀』（七五―一九三頁）を用いる。

　教会・神学用語は正教会用語を用いるが、必要と思われる語には一般に使用されている語を（　）で示した。イエス・キリストはイイスス・ハリストスとし、その他の人名はロシア語発音を表記した。固有名詞もロシア語発音表記に従ったが、必要と思われる語には一般に使用されている語を（　）で示した。また底本の注釈は〔　〕で、訳者注は［　］で示した。

四、ロシア語・ギリシア語に大文字の語を「　」で、また神を意味する語は『　』で示した。

五、正教会の聖体礼儀がテーマなので、一八九四年邦訳、正教会出版『吾が聖神父金口イオアンの聖体礼儀』（一九五七年再版『奉事経』正教本会版、七五―一九三頁）からのテキストを使用する。

六、原本（ロシア語テキスト）には三人称代名詞が多用されている。特にハリストスを意味する「彼」は『主』と改めた。

目次

著者と本書について

ニコラオス・カバシラスは一三二〇―一三二三年頃にテッサロニキ〔現在ギリシア北部の第二の都市〕で生まれた。彼は教会と社会に偉大な人物を輩出した著名で伝統ある母方の姓カバシラスを名乗った。ビザンティオンで同時代人たちに慣例となっていた神学、弁論学、文法、法律、天文学などの高等教育を受けた。

一三四七年、テッサロニキの大主教に選出されたグリゴリオス・パラマスにカバシラスはテッサロニキまで随行したが、当時のテッサロニキ市民はグリゴリオス・パラマスを受け入れず、随行者たちと共にアトスへ向かい、そこで一年を過ごす。

一三五三年、コンスタンティノープルの総主教カリストスの死後、若年にもかかわらずカバシラスは新総主教候補三人の中の一人に選ばれたが、総主教には選出されなかった。

カバシラスは多くの著書を書いたが、特によく知られているのが『ハリストスに在っての生命について』、『聖体礼儀の注解』である。聖体礼儀の注解書はそれまでに多くの人が書いているが、カバシラスの注解は優っていた。神の恩寵が発する内的な平安、そして神の旨との一体感が著書には感じられる。聖体礼儀の注解は聖なる感謝祭〔エフハリスティア〕の犠牲を完璧に表現し、また神学的・倫理的にも簡潔に著した書と言える。

カバシラスはハリストス中心主義者である。人間が神の像になるにはハリストスと一体にならなければならない。これはハリストスに在っての生命を保ち、養い、そして発展させる洗礼、傅膏《ふこう》、聖体礼儀（キノニア）において行われる。ハリストスに在って得た生命は神の旨に完全に従う人によって完成される。人間の意志と神の意志を同一にさせることが聖性であり、愛である。これこそビザンティン神秘神学の最後の一人である卓越したニコラオス・カバシラスの中心をなす教えで、自己の意志を神の意志に完全服従させることを理想として自らも実践した。

この書の聖体礼儀に関する重要な箇所は、カバシラスがハリストスの十字架犠牲を展開していることだ。十字架の犠牲、この出来事こそが人間の救いを導き出した（第7章）。成聖前の祭品でハリストスの降誕、生活、教えを展開し、最後に、人間にとって救いある十字架の犠牲へと導くハリストスの経歴を象っている（第1章、第16章）。「主に結び付く者は主と一つの霊《プネヴマ》となる」（1コリ6の17）に従って、聖なるキノニア［聖体領聖］で信者はハリストスと一体になる。信者に領聖させるのは司祭ではなくハリストスである（第43章）。神は「独生の子」の像をもつ一人一人と和解する（第44章）。聖なるキノニア（聖体礼儀）は普通の食べ物のように人間の肉になるのではない。鉄と火が出会ったとき、火が鉄になるのではなく鉄が火になるように、人間の身体が聖なるキノニアになるのである。もし頭とからだが一体となっている身体のように、ハリストスと教会が一体になっているのを見ることができたら（1コリ12の27）、火の中に入った鉄の特質が火によって消えてしまうように、『ハリストスの体』以外の何も見えないであろう（第38章）と言う。

1　聖体礼儀全体の意味は何か

この聖なる機密（秘蹟、ここでは聖体機密をいう）の聖務で最も重要なのは、献物がハリストス（キリスト）の体血に変化することである。その目的は信人の成聖［聖別、聖になること］であり、機密にあずかって罪の赦しを得ることであり、天国を相続し、そしてそれと同じ善を相続することである。

祈祷、聖歌、聖書の朗読、そして祭品成聖の前後に行われるその他すべての聖務と聖なる奉神礼は、この聖務の準備と補助的行為である。私たちはまだ何もハリストスに捧げていないのに、神はすべての聖なるものを無償に与える。それは完全に『主』の賜物である。このとき私たちに求められていることは、私たちがこの賜物を受け、そしてそれを保つにふさわしい人になることである。もしそのような意志がないのなら成聖は受けられない。そのような意志で参加するなら、洗礼、傅膏、そして聖なる交わりに私たちが受け入れられたように、畏るべき聖なる「食卓」にも参加できる。

神はこの方法を種蒔きのたとえ話で言われた。「種を蒔く人が種蒔きに出て行った」（マト13の3）。彼は畑を耕すために出掛けたのではなく、種をまくために出かけた。これは畑の耕しを初め、すべての準備は事前に私たちが行うべきことを示している。

私たちがこのような意志と準備をもって聖なる機密を受けるべきなので、この聖務を行うに当たっても、同じ準備が必要となる。祈祷、聖歌、そして聖体礼儀に含まれているすべての聖務が、機密の力を私たちにもたらすものである。これらが私たちを成聖し、私たちを聖に保つのである。つまり、一方ではしかるべき姿でこの成聖を受け入れ、他方では成聖を保つ人、所有者となる。二つの方法によって私たちは益［恩寵］を得る。その第一は祈祷、聖歌、聖書の朗読によって益を得ることで、祈祷は私たちを神に向け、罪の赦しの執り成しをする。また聖歌は神を仁慈にし、私たちに憐みをもたらす。「告白を神のいけにえとしてささげ……それから、わたしを呼ぶがよい、苦難の日、わたしはお前を救おう」（聖詠49の14―15／50の14―15）と言われている。

聖書の朗読について言うと、聖書は神の善と人々に対する神の愛を伝えるが、正義の厳格さも伝え、私たちの霊に畏れを起こさせる。そして『主』への愛を生じさせ、誡めを守る決心を霊にもたらす。これらすべては神父と信者の霊（たましい）をより良く、聖なるものにする。そして聖なる賜物を受けるにふさわしい人、それを保つに適した人とする。これこそ聖体礼儀の目的である。

すでに述べたように、神父を犠牲奉事の執行にふさわしい人とするのも秘儀の大切な事である。このことは祝文の多くの箇所に記されている。神父は聖体礼儀を行うに不適格な人として裁かれず、清い手と霊（たましい）をもって機密を行えるように願い求める。この理由から、祈るほどに、また聖歌を歌うほどに、私たちを聖務への参加に促し、導く。

私たちを成聖する第二の方法がこの聖務の中にある。それは聖体礼儀の中でハリストスの再現を目にすることであり、『主』が私たちのために行った業と聖なる「苦業」を目にすることである。聖体礼儀の最初から最後まで、聖歌や聖書朗読、そして司祭が行うすべてのことに『救主』の救贖《きゅうしょく》が宣言され、示されている。

聖体礼儀の第一部は、ハリストスの初期の業績を明らかにしている。第二部はその続きであり、第三部は最後に行われたことへと続く。このように参加者は『主』の業績と苦難を目のあたりに見ることができる。十字架の犠牲そのものである祭品の成聖は、「主の死を告げ知らせ」（1コリ11の26）、「復活」と「昇天」を告げる。この成聖によって祭品はすべての苦難を受け入れて十字架にかけられ、復活し、昇天した『主の体』そのものに変化するからである。また、祭品の成聖以前に行われる儀式、聖歌、聖書朗読などは『主』が死までに行われたこと、つまりこの世に来られ、初めて公に人々の前に現れ、その完全な姿を現されたことを象徴している。『救主』の言葉によると、「祭品の成聖」後に述べられることは、「父が約束されたもの」（ルカ24の49、使1の4）を象徴している。それは「使徒たち」の上に『聖神（せいしん）』（聖霊）が降ること、「使徒たち」によって異教徒が回心すること、そしてハリストス（キリスト）教の共同体がつくられることである。

聖体礼儀全体は、『救主』の生命である唯一の『体』の再現である。聖体礼儀は、この生命の様々な側面を最初から最後まで順序と調和をもって私たちに見せる。このため、初めに歌われる聖歌、また、それ以前に行われる奉献礼儀のすべては、ハリストスによる救贖の第一期を象徴している。

すでに述べたように、聖書や聖書朗読の外にも私たちにとって益がある。それは私たちを善行に導き、神が仁慈なる神となるからである。つまり、聖体礼儀は信者を善行に目覚めさせると同時に、ハリストスの救贖を象る。衣服にたとえれば、本来は装い、体を覆うためにあるが、時には衣服を着ている人の立場とか地位を表すようなものである。聖書には神の霊感（インスピレーション）を得た言葉と讃美があるので、それらを朗読あるいは歌う人を善行へと向かわせる。また、聖書の朗読や聖歌を選択し、順序立てることでハリストスの到来と生涯を表している。同じ特徴は聖書の朗読と聖歌だけではなく、聖務にもある。それぞれの動作には役割のほかに、ハリストスの業績、行動、あるいは苦難などを象徴している。

例えば、「福音経」を至聖所に搬入する動作［小聖入］、そしてそのあとに聖なる祭品を移す［大聖入］がそうである。これらが行われるのは、聖書は朗読するため、また聖なる祭品は犠牲の奉神礼を行うために必要だからだが、それだけではなく、これらは『救主』の姿と出現を象徴している。前者は不完全で不明瞭ではあるが、『主』の生涯における最初の出現で、後者は至高で完全な『主』の出現がある。これとは別に、実際には何の必要もないが、象徴だけの聖務も幾つかある。アルトス（パン）を刺すこと、アルトスの上に描く十字架のかたち、槍のように尖った金属製のナイフ、そして最後には成聖された祭品に注ぐ温水などである。

このようなことは他の機密にも多くある。例えば洗礼機密で受洗者が靴を脱ぎ、裸足になり、西を向き、両手を上げ、唾を吐くことがそうである。これらすべては、私たちが悪魔に対していかに大きな憎しみをもち、ハリスティアニン（信者）になろうとする人は、いかに悪魔を避けるべきかを教えている。その他にも似たことが機密礼儀の中にあれば、同じ様な意味になる。「聖品の奉神礼」で行われるすべては『救主』のオイコノミア［救いの計画］に関係している。それらの目的は私たちの霊を成聖するために「聖なる救贖」を明らかにし、私たちが聖なる聖品を受け入れるにふさわしい人となるためである。オイコノミアが実現されて世界が復活したように、常にそれを観照《テオリア》するなら、その人の霊をより良く聖なるものにする。もしオイコノミアが信仰と観照の対象にならないなら、決して益にはならないだろう。

それゆえに、人々がそれを知り、信じるために数多くの手段を神は用いた。もし救いを求める人々がそれを知らなかったなら、救いはなかったであろう。しかし、それ［オイコノミア］が宣べ伝えられたとき、それまでは人の霊になかったハリストスに対する敬虔と尊敬、そして信仰と愛が初めて生まれた。オイコノミアをすでに熱心に信じている人々には、再び同じ感情は生じないが、すでに得たものを保ち、それを新たにし、大きくできる。そして信者をより信仰篤い人に、安定した信仰をもつ人、愛と敬虔に熱心な人にする。無から神が生じさせるこのような感情は非常に簡単に保持でき、新たにできる。以上のような感情をもって聖なる機密に近づくべきである。これらなくして、ただ機密を見ているだけでは不敬虔で、冒瀆となる。つまり敬虔な信仰、愛と多くの熱意、熱心、恩情を神に向ける必要がある。このような感情を観照によって私たちの脳裏に印象づけることができる。それは私たちが集中するだけではなく、何らかの方法で聖体礼儀が順序立てられ、自分たちの目で「主は豊かであったのに、あなたがたのために貧しくなられた」（2コリ8の9）『至大な富者』［ハリストス］の清貧を、天に住んでいてすべてを手中に保つ『方』の地上への降臨を、『祝福された方』への誹謗を、『苦しみなき方』の苦しみを直近に見る方法である。『主』は私たちの目前でこの「成聖の食卓」を準備するために、どれほど憎まれ、どれほど私たちを愛し、その生涯で何を耐え忍び、死をもって何を行ったことだろうか。このようにして、私たちが奇蹟的で想像し難い救いを讃めたたえるなら、ハリストスの憐みは感動する私たちにより豊かに降る。そして、十字架の死をもって私たちを救った『方』の前で私たちは恥を知り、敬いを感じるようになる。すると心は『主』を信じ、『主』への愛で燃え、生命を『主』に委ねる。私たちがこのような感情を持つとき、安和と親しみをもって畏るべき機密に近づくことができる。

このような感情を得るためには、ハリストスについて学び、その知識をもち続けるだけでは不充分で、知識の目を神聖なる真実に釘づけにしなければならない。そしてそれを観照する。つまり、その真実を智慧で思考しなければならない。もし、成聖の観点から私たちの霊が『主』に適応させようと実際に望むなら、同じ方法であらゆる思考概念を排除すべきである。また、もし敬虔［信仰］の必要性を理解するなら、信仰について尋ねられたとき正しく答える方法を持つべきである。機密のときにあらゆる注意を払って考えないと、私たちの智慧は他のことに捕らわれてしまい、敬虔の知識からは何の益も得ることはできなくなる。すでに述べたように、それは敬虔の知識、聖なる感情によって得られるのは強烈な印象のみの観照で、聖機密の意義を深く理解することは不可能だからである。なぜなら私たちの感情は思考概念に一致し、経験する感覚は思考概念に相応しているからだ。

このように、なぜ象徴主義が現れたかについて述べたが、象徴主義は機密を言葉だけの表現に限定せずに、機密の各部分を可視的して全体を私たちに見せる。第一に、それは心が受け入れ易くするためである。そしてただ単なる見物にならないように、霊の中に受動的な感情、ある強力な感覚を植え付ける。目にする再現場面はさらに強力な印象を与える。第二に、「聖なる食卓」につくまで機密を忘れないように、また思いが他のことに捕らわれないようにするためである。そのようになったなら、明確な記憶と思いとに満たされて聖機密と交わり、心の中に成聖の成聖を得る。つまり観照の成聖のうえに奉神礼の成聖を得る。「わたしたちは光栄から光栄へと主と同じ姿に造りかえられていく」（2コリ3の18）、つまり低次元の光栄から最大の光栄へと進むのである。

とりあえず聖体礼儀の全体を俯瞰してみたが、これからは可能な限りその細部を研究しなければならない。第一に、準備段階以前の祈祷、聖なる祝福、聖歌、聖書の朗読、そして最後にこの聖なる業、聖なる犠牲そのものの研究である。成聖のあと、この犠牲を通してハリスティアニンである生者と永眠者の霊が成聖される。また、この中には信者と神父が神に向かって捧げる祈祷と聖歌があり、それは探求と観照を求める手段になっている。とにかく、この奉神礼全体に『救主』の「オイコノミア」（救いの計画）が見られ、聖体礼儀の中で行われる全場面がこれを象徴している。

奉献台

2　なぜ祭品は最初から宝座に置かれないのか

まず、奉献礼儀とそこで行われることの研究と検討を始める。最初は「祭品の奉献」である。なぜ最初から犠牲に必要なものを犠牲として献げないで、まず神への献物とするのか。このように行われるのは旧約の律法による。それによると、最初に神への犠牲として動物とその血を献げ、次に金銀の器なども献物として献げられた。

『ハリストスの体』は二つの献物となっている。それが『父』の光栄のため犠牲にされたとき、そのように行われたからである。同時に、これは最初から神に献じられるものであったので、神にとって高価な献物であった。それを人類の初物として受け入れられたのである。また律法の観点から見てもハリストスは長子（長男）であった。この理由から『主』の体を象徴して献げられるアルトス（パン）とぶどう酒は、最初から犠牲のために奉献台には置かない。尊き祭品の犠牲は最後に行われるからだ。そのように言われ実践されている。

ハリストスがアルトスとぶどう酒を手に取ったときも、まず神へ、『彼の父』への献物とした。どこから分かるのかと言うと、教会がそれと同じことを行い、またそれを献物と呼んでいるからである。「わたしの記念としてこのように行いなさい」（ルカ22の19、1コリ11の24、25）と記されている。ハリストスがこれを行わなかったなら、教会も行わなかったであろう。

3　人間生活の初物を献物として神へ献げることについて

旧約の人々は農作物、羊や牛、あるいはその他の動物の初子〔最初の収穫物〕を献げた。だが私たちは「アルトスとぶどう酒」を献物とする。それは人間の食べ物であり、肉体の生命を保つ基本であるからだ。またそれは生命を保つだけではなく、生命を象徴している。復活のあと、使徒たちはハリストスについてこう言った。「復活した後、ご一緒に食事をした」（使10の41）、と。これは彼らが確かに『主』に会ったことを示すためである。そしてまた、『主』が会堂司の娘を復活させたとき、「食べ物を与えなさい」（ルカ8の55）と命じた。これは食べ物で生命を証明するためである。従って、食べることが生命の基本である、と考えるのはごく自然である。しかし、ある人はこう言うかもしれない。旧約の人々の献物はほとんど人間の食べ物として適していた。これらは農民たちが働いて収穫した農作物や食料とした動物であったが、人間にとってだけの初物・初子であっただろうか。そうではない。どれを取っても人間だけの食べ物ではなく、他動物との共通の食べ物であった。あるものは鳥の食べ物であり、あるものは草食動物の食べ物であり、肉食動物の食べ物であった。人間の食べ物とは人間に適したものだけである。つまり、食べるために作るアルトス、飲むために作るぶどう酒、これらは人間だけのものである。

4　なぜこれらの献物が人間生活の初物として受け入れられたのか

これら献物の代償として、神は私たちに生命を与える。そのためには代償と献物が全く無関係ではなく、ある種の相似が必要であった。そしてその代償が生命なのだから、献物もある意味で生命でなければならない。まして『彼自身』は献物の制定者であり、代償を与える方である。『主』は正しく裁き、そして「正義を測り縄とし、恵みの業を分銅とする」（イサ28の17、40の12、知恵11の20）。この『主』が「アルトスとぶどう酒」を献げるように命じ、その代償として生命のアルトスと永遠の生命の杯を与える。

漁師だった使徒たちに異なる漁を与え、魚の漁に代えて人々の漁を与えたように、また金持ちの青年に世の富の代わりに天の富を約束したように、同じようにここでも「永遠の生命」［ここでは人々に生命を与える体血を意味する］を人々に与えようとする。従って、最初に暫時の生活の食べ物を献げるよう人々に命じた。生命の代償として生命を得るために、暫時の生命に代わる永遠の生命を得るために報酬としての恩寵があらわれ、計り知れない仁慈があらわれて「恵みの業を分銅とする」（イサ28の17）ことが成就するためである。

このようなことは、聖体機密だけではなく洗礼にもある。私たちは新しい生命のために生き方を変える。一つのものを提出して、他のものを手にする。ただ洗礼における生命授与は形象的な言葉だけだが、再生される生命はまことの生命である。それは『救主』が死して復活し私たちをその新しい生命への参与者とするのを望まれたからで、私たちも『主』の大きな賜物に対して何かを献げるよう命じたからである。それは、『主』の死に倣うことである。あたかも墓に体を埋めるように、私たちの体を三度水中に沈め、そして出す。この方法によって私たちを『主』の死と埋葬の参与者として受け入れ、また『主』の新しい生命への参与者としてふさわしくする。

5　なぜ一つのアルトス（パン）全部を献げるのではなく、一部なのか

教会では、信者が持って来たアルトス全部ではなく、司祭が選んでナイフを入れたものだけが神への犠牲として献げられ、聖体礼儀に用いられる。これがハリストス奉献〔聖体礼儀〕の特徴である。献物を持って来た人は同じものの中から選別して聖堂に持って来たように、司祭たちも受け取った中から献物に適するものを選別する。あるものは奉献とし、あるものは犠牲とする。

人々の体から「主の体」が選別され、使命を受けて神へ献げられ、「主の体」は『司祭長』を兼ねている「ハリストス」によって分離され、最後に犠牲とされた。『神の子・本人』が体を選び、それを全人類の中に、人々の間に置かれた。そして『主』自身がこれを神に差し出した。決して『父』の懐から離れたことのない『主』が体をとり、それを衣て〔人々のために肉体を取って〕差し出した。その『体』は創造と同時に神に与えられるものとなり、最後に十字架に導びかれて犠牲となった。このため『体』に聖変化されるアルトスは、司祭が他のアルトスから選別して神に献げる。そのためまずディスコス

（聖盃《せいう》）の上に置き、そのあとで祭壇に移して犠牲とする。

6　ハリストスの苦難の象徴として司祭がアルトスに切れ目を入れるのはなぜか

アルトス［パン］は選別された。奉献台にあるのはまだ普通のパンだが、献物として神に献げられる。このパンはハリストス生涯の第一期、つまり神の献物となったハリストスを象徴している。すでに述べたように、長子として（出13の2）『主』は誕生したときから献物であった。その後にハリストスが私たちの救いのために体に受けた苦しみ、十字架と死はすでに旧約の人々によって預言的に描き出されていた。従って、司祭がアルトス（パン）を犠牲として献げるため祭壇に移す前に様々な表象がアルトスの上に描かれる。それは他のアルトスから選別して献物とするとき、絵を描くようにアルトスの上にハリストスの苦難と死を描くことである。一見必要のない、無関係に思われる動作であっても、司祭が行う動作は象徴となっている。聖体礼儀で行われることのすべては、私たちの『救い主』の苦難と死を動作で物語っている。その方法は動作で預言し、人々の感情を呼び起こして物語る古い方法である。かつて預言者たちもそのように行った。例えばユダヤ人が包囲されていることを明らかにするため自分自身を縛ったりした（エゼ3の25、4の8）。パヴェルの逮捕を明らかにするため、これと同じことをアガヴォスも行った（使21の10―11）。また、ある聖師父が修道者とは何かと尋ねられたとき、何も答えず繭を取り出して踏み付けたのもそうである。旧約の人々は言葉だけではなく、行動で『主』の死と「オイコノミア」（救いの計画、経綸）の全体を事前に神から宣告されて学んでいた。例えば、モイセイ（モーセ）の杖は海を二つに分けたし（出14の16—20）、父［アブラアム］によって犠牲のために導かれたイサアクもそうである。その他にも多くの例がある。これらは最初から私たちの『主イイスス・ハリストス』の聖なるオイコノミアの大いなる奥義を象徴していた。司祭はこれを行う。言葉で表現し、あるいは可能な限り言葉ではなく動作で壮絶な犠牲を再現する。その動作はあたかも司祭がそのとき『主』は苦難に向かって、このように来た、このように死なれた、このように脇腹を剣で刺され、こうして傷付いた脇腹から血と水が流れ出た、と述べているかのようである。

すでに述べたように、これらを行う目的は事実よりも前に預象と書物があったことを人々に示すためである。同じように、アルトスを祭壇に移し、犠牲を献げる前に、司祭はハリストス犠牲の象徴をアルトスの上に描き出す。そして、あとでこのアルトスが十字架にかけられて犠牲となったハリストス——「まことのアルトス」に聖変化したことを明らかにする。それ以前に、まず「主の死を告げ知らせる」（1コリ11の26）必要があるので、司祭は言葉と動作でこの死を表現する。『主』の死を多くの人々に告げ知らせるためにはあらゆる手段が必要となる。

7 『主』の「記憶」とは何か

まず司祭が手にアルトスを取り、それから聖なる一部分を取り出す。その時に「わたしの記憶のためにこれを行いなさい」（ルカ22の19、1コリ11の24―25）との『主』の求めに従って「我らの主・神・救世主イイスス・ハリストスの記憶のため」と言う。これはアルトスについてだけ言っているのではなく、この聖務全体について言っている。司祭は初めてこれを言うが、それは機密のすべてを終えたとき『主』が「わたしの記憶のためにこれを行いなさい」と言葉を付け加えたように、あたかも聖体礼儀を終えたかのようでもある。では、この記憶とはどんなものなのだろうか。聖体礼儀の中でどのようにして『主』を思い起こすのだろうか。『主』のどの動作を、そしてどのような状況の『主』を思い起こすのだろうか。言い換えるなら、『主』について何を思い起こすべきなのか。あるいは『主』の生涯の何について語るべきなのか。もしかすると『主』が全能の神であると証明する多くの奇蹟、死者を復活させせたこと、盲人の目を見えるようにさせたこと、風に鎮まるように命じたこと、あるいは少ないアルトスで何千人もの人々を食べ飽かせたことについてだろうか。そのようなことではない。そうではなく、死、苦難、十字架という『主』の無力をあらわすことである。これらの中に『主』を思い起こすように命じたのである。ハリストスについて完全な知識を得ていたパヴェルも同じ考えであった。パヴェルは『主』の「これをわたしの記憶として行いなさい」という言葉を述べてから、コリントスの人たちにこの機密について「あなたがたは、このパン［アルトス］を食べこの杯を飲むごとに、主が来られるときまで、主の死を告げ知らせるのです」（1コリ11の26）と言及している。この機密を与えたとき『主』は明確に宣言した。「これはわたしの体である、これはわたしの血である」と語られたとき、「これは死者を復活させ、ライ病患者を潔めたわたしの体である」とは言わず、死と苦難を予告し「これはあなたがたのために裂かれるもの、あなたがたのために流されるものである」と告げた。『主』の奇蹟について語らず、その苦難について語った理由は何だろうか。それは『主』の苦難が奇蹟以上に必要であったからだ。特に私たちにとっては『主』の苦難は最も必要なことである。それは救いの執り成しであり、これなくして人間の復活はないからである。苦難と比較するなら奇蹟はただの証拠であった。奇蹟が行われたのは、『主』はまことの『救主』なのだと信じさせるためであった。

8　アルトスの上に行われる聖事について

このように司祭は「記憶」を行わなければならないので「主の記憶」と言ったあとに、死と十字架を鮮明にする聖なる動作を行う。アルトスに切れ目をいれつつ、旧約の預言の言葉「屠り場に引かれる小羊のように」と（イサ53の7、使8の32）と言う。そして言葉と動作でその他を表現する。それはアルトスを「祭品」として献げるためには切り刻む必要があるのと同時に、『主自身』が「今世を去って、父のもとに行く」（イオ16の28）と告げられたように、死によって『主』はこの世から離れ、『父』のもとへ遷移することを象徴している。ナイフを何度も入れてアルトスを切るとき、預言の言葉を唱えてそれぞれの部分を切り抜くのは、この切断が言葉の解明であると説明するためだ。神に献げられる多くのアルトス「パン」から羔を取り出すアルトスが選別されるように、そして一つのアルトスから羔が取り出されるように、『主』は人々から切り離された。『主』は仁慈によって人性をもつものとなり、また同じ理由で「屠り場の小羊」となり、「命ある者の地から断たれ」（イサ53の8）た。このあと、司祭は預言の残りの言葉を付け加える。そしてアルトス［とり出した羔］を聖ディスコスに置くと司祭はこの犠牲が『主』の死であると言葉と動作で明確に宣言して、「神の羔、世の罪をになう者は、世の生命と救いとのために剖《さ》かる」と言う。言葉、形式、動作などのすべては死の様とその詳細を象徴する。つまり、アルトスを「十字形」に切ることで、十字架によって犠牲が行われたことを明言する。そのあとアルトスの右側を刺す。このアルトスに付ける傷は『主』の脇腹の傷を示す。このためアルトスを刺す道具は槍形となっていて福音書の槍を思い出させる。アルトスの右側を刺すときに、司祭は福音書の言葉を唱える「兵士の一人が槍で脇腹を刺した」（イオ19の34）と。また『主』の脇腹から流れ出た血と水も思い起こし、聖ポティル［聖爵］にぶどう酒と水を注ぎながら「すぐ血と水とが流れ出た」と付け加える。これが『主』の記憶である。

9　なぜ『主』はこれを「主の記憶」として行うように命じたのか

『主』が記憶を求めて命じたのは、私たちが恩知らずとならないためである。恩を蒙った人が恩人とその業績を思い起こすのは当然の義務である。恩人の記憶のために人々は多くの方法を発案した。例えば墓標、記念碑、肖像、記念日、祭り、記念競技など。これらすべてに同じ目的がある。それは尊敬に値する善良な人々を忘却しないためである。人々は恩人を思い出すため、忘れないための薬を求めているかのようである。多くの都市では、その町を救い、功績を残した英雄たちの勝利を記念碑に書き込むように、私たちも献物のうえに『主』の死を描く。それは死をもって悪魔〔死〕に勝利したからである。都市では恩人たちの肖像を建てるだけだが、私たちは肖像（イコン）だけではなく、『恩人ハリストス』の『体』そのものを獲得する。

旧約の人々に神が形式を守る律法を与えたのと同じように、『主』もこれを行うように命じて「わたしの記憶としてこのように行いなさい」（ルカ22の19）と言った。旧約では、エジプトでユダヤ人の長子（初子）たちを救った小羊の屠りと血の記憶としてのパスハ（過越）と小羊の屠り（出12）があった。「記憶」の誡めにはこれらも含まれている。

10　記憶のあと奉献では何が唱えられるか。また献物の奉献は同時に受け認め、感謝、祈願の奉神礼であることについて

司祭は奉献を続ける。献げられたアルトスの中から一つを選び、それを「聖なる献物」〔聖品〕とするが、『主』の死を象徴する同じ祝文を再度唱えるが、すでに行った動作は繰り返さない。すでに言われたことのすべては、聖務の全体に対して言われたと見なすからである。献物の奉献は『主』の記憶となり、聖体礼儀の中で〔主の〕死が宣言されるからだ。では新しい祝文はどれなのだろうか。「至りて聖なる神の母の光栄のため、〔某〕聖人の転達〔執り成し〕のため、生者あるいは永眠者の霊の罪の赦しのため」がそうである。これは、神への感謝と祈願が奉献の動機であることを述べる。

それは次のようになっている。神への献物でも人への贈物でも、またいかなる献物も理由なくしては行われない。それは過去のことに対する感謝、あるいは良いことが起こるようにとの願望から行う。私たちに恵みを施した恩人に献物で感謝する。あるいは、まだ行われていないが、将来私たちに賜わる恵みのためにも献物を献げる。神に献げる献物も同様であり、それまでの恵みに対する感謝と今後の恵みへの祈り、つまり感謝と祈願の献物なのである。

神が私たちに与えた恵みと私たちが求めるものは全く同じもので、罪の赦しと天国の相続である。何よりもまずこれを求めるように『主自身』が私たちに命じた。それは教会がすでに得ているものである。では、どのような方法でこれらの善を得たのか。また、どうしてまだ得ていないかのように言うのか。どのような方法でそれを得ようと神に願うのか。この第一の善〔罪の赦し〕は、それを受け入れる可能性を得て成就した。「その名を信じる人々には神の子となる資格を与えた」（イオ1の12）からである。またそれは『救主』の死によって私たちに与えられ、ハリスティアニン全員に共通な賜物である。また聖なる洗礼とその他の機密で神は私たちを神の子とし、天国の相続人とする。

聖パヴェルが「天に登録されている長子たちの集会」（エウ12の23）と呼んでいる天国の群衆を教会はすでに得ている。また、数え切れないほど天国に有力な代表者〔聖人たち〕を送り、大きな善を勝ち得ている。しかし、「賞を得る」（1コリ9の24―27、フィリ3の14）ために、この世に生活していてその結果がまだ分からない人、またすでに永眠しているが、完全で恵みある希望をもてない人たちがいるため、教会は天国を得ていないとも言える。この理由から教会は『主』の記憶を行い、また完全に到達した聖人たちの記憶を行なう。また教会は完全に達していない人々をも記憶する。こうして完全な人のためには感謝し、不完全な人のためには祈願をおこなう。このように奉献の第一部は感謝であり、第二部も同じである。その他は『主』の記憶において『主の母』（マリヤ）の光栄と聖人たちの執り成しを祈願する。

「『爾』に感謝するのは『爾』の死で私たちに生命の扉を開き、私たちの中から『母』を選び、爾の前に人類の転達者［執り成しをする人］として聖人たちを私たちは獲得している。また聖人たちは私たちと同じ人間であるが、爾の前に慰めと勇気、自由を得ているからである」と教会は言う。

「光栄に」とか「転達に」という表現は「光栄のため」、「執り成しのため」を意味していて、「赦しに」が「赦しのために」と言うのと同じである。このように「～のために」とは二重の意味をもつ。つまり、（1）現在のため、また（2）それを望む人のためにという意味である。童貞女（マリヤ）の光栄と聖人たちの執り成し、慰めは現在の善のためと言うのを知らない人がいるだろうか。現在の善に対して行なう献物の奉献は感謝以外の何物でもない。すでに述べた「主の記憶」についても、それが『主』の死に対するある種の見返りであると同時に、明白に感謝を意味している。従って、その目的のために奉献のときこれらの言葉が述べられる。それはまず何よりも、『主』の死が私たちのすべての善の起因であることを表現している。

最後に、司祭は罪の赦し、霊（たましい）の安息、その他の善を求める祈願を行う。しかし私たちが神に向かうとき、最初から自分の要求を列挙するのではなく、不足しているものを求めるのでもなく、何より最初に神から受け継いでいるものを感謝の心をもって思い出し、『神』を讃美する。

11　なぜ祭品を覆うのか。またこの聖務に伴う言葉について

アルトスを切る時の言動は『主』の死を象徴する以外の何ものでもなく、物語と象徴以外の何ものでもない。それ自体は普通のアルトスにすぎないが、神への献物となったので『主』の初期の「体」を象徴する。すでに述べたように、その「体」は最初から献物であった。この理由から司祭は聖アルトスを準備するとき、かつて幼子イイススの上に起こった奇蹟を思い起こし再現する。司祭は聖アルトスの上に「聖架」を置き「星が先立って進み、ついに幼子のいる場所の上に止まった」（マト2の9）と告げる。そのあと人となった『主』の神性を確認すべく、昔から言われている短くて謙遜なる言葉「言葉によって天は造られ」（聖詠32／33の6）、「主こそ王、威厳を衣とし」（聖詠92／93の1）、「その威厳は天を覆い、威光は地に満ちる」（アワ3の3）を加える。唱え終わると司祭は聖アルトス（祭品）と聖爵を浄き布で覆い、そのまわりに炉儀《ろぎ》［香をたく］する。それは藉身《せきしん》（受肉）した神としての奇蹟は天から父の証言があるときまで現れず、覆われていた［隠されていた］からである。しかし「主こそ王であり、威厳を衣と」しており、神のすべてを知っていた人々は『主』を神として認めて伏拝し、『主』の近くに避難した。司祭が覆われた献物に「あなたの翼の陰に隠して下さい」（聖詠17の8／16の8―9）と言いいつつ炉儀するのはこれを意味している。

これらを行ったあと、司祭は聖体礼儀が目的どおりに成し遂げられるよう願い、祭壇のところ、聖宝座［聖卓］の前に立ち聖体礼儀を始める。

12―（1）　聖体礼儀のはじめ――讃美

聖体礼儀は「父と子と聖神（せいしん）の国は崇め讃めらる」という讃美で始まる。神との対話とは讃美、感謝、痛悔、祈願である。その中の第一が讃美である。主に感謝する僕たちが行うのであるから、それは自分たちのことを述べるのではなく、『主宰』への讃美だけである。それが正しい讃美である。何かを求める人は自分の益を増すために祈願を行う。また悔い改める人は悪から解放されたいがために祈願を行い、そのために自分を裁く。感謝する人は与えられた善を喜び、それらを与えた人に感謝するのは明らかである。しかし神を讃美する人は『主自身』のため、その力と『主』の光栄のために讃美する。また神の本質である智慧と正義に対して讃美が最も必要である。まさにそのとおりで、神に近づこうとすると、すぐにその限りなき光栄には近づき難いこと、『主』の偉大さ、大いなる能力を理解する。そのあとに驚きと讃栄の感情が湧き出てくる。この自然な感情の必然的な結果が讃美である。続いて私たちは神の善意、仁慈、恵みを知って感謝を続ける。

私たちは至大な『主』の善意と仁慈の豊かさを思う。そして至大で神聖、豊かな『善』の前に私たちの罪悪がさらけ出される。私たちがこれほど悪い人であるにもかかわらず、神は恵みを与えられるのを止めない。神は仁慈であると教える前に私たちの近くに、目の当たりに私たちの内におられることを教え諭す。神の前で自分の罪を思い起こすのが痛悔である。

金口イオアンと聖大ワシリイによる聖体礼儀

四番目は祈願である。上記のような順序、つまり神が私たちに対してもっている善意と愛を思い起こしたあとで、祈祷の中でそれを求め、そしてすべてが与えられると確信するのは理にかなっている。悪い人（ルカ11の13）たちに対しても『主』は善なる『方』であるから、私たちがまず自己を変え、善人になるなら、預言者が「申し立てて、自分の正しさを立証してみよ」（イサ43の26）と言われた通り、進んで自分の罪を悔い改めるなら神は私たちの前におられる。このように讃美は神との対話において第一位にある。そのためあらゆる祈りや聖務の前に司祭は神を讃美する。

司祭は『聖三者の神』を讃美するが唯一の神を讃美しないのはなぜだろうか。「崇め讃めらる神」とか「神の国は崇め讃めらる」とは言わずに、伏拝される『聖三者』を言って「父と子と聖神の国は崇め讃めらる」と言う。司祭がこのように言うのは『主イイスス』の藉身（受肉）によって人々が神は『聖三者』だと知ったからである。そして聖体礼儀は人々を『主』の藉身（せきしん＝受肉）へ導く。従ってはじめから『聖三者』が光り輝き、宣言されるべきなのだ。

12―(2) 祈願について。最初に安和を求める理由について

讃美のあと祈願に移り「我等安和にして主に祈らん」と唱える。「わたしたちはどう祈るべきかを知りませんが」（ロマ8の26）とか「祈るときは、くどくどと述べてはならない」（マト6の7）という表現は、思いにもない言葉を機械的に繰り返さないことであり、祈りに必要なこと、祈りの方法を教えている。その方法とは「安和にして」祈ることだ。

まだ神への痛悔も感謝も行っていないのに、どうして讃美のあとすぐに祈願を行うのだろうか。教会が「安和」と言うときは、この語には二つの意味［痛悔と感謝］が含まれている。また、もし生活に不満を抱いているなら安和を持てない。聖使徒パヴェルによると「清い良心」（1ティ3の9）を持たない人も同じで、ただ恩を感じ、「どんなことにも感謝」（1フェ5の18）する人が安和を得られる。痛悔なくして清い良心は得られない。従って、安和にして祈る人はすでに感謝と痛悔の霊［たましい＝心］を持っている。この他に神への祈願は祈る人々を感謝と痛悔に向かわせる。それは憐みを乞うからである。これは裁きを受けた人の願いであり、すでに自己を正当化するものが何も無くなったとき、審判者の厳しい正義によってではなく、善意によって憐みが与えられるようにこの最後の叫びを発する。こうして

審判者の大いなる善意と自分の悪を認める。前者は感謝であり、後者は痛悔である。

司祭は祈りのために立てられた人であり、人々の代表者と仲介者としてこの職に置かれた人なので人々に祈りを促す。司祭［輔祭］は人々が祈るように促す（「我等安和にして主に祈らん」と）。また使徒ヤコフの「正しい人の祈りは、大きな力があり、効果をもたらす」（イア5の16）との言葉に基づいて司祭の祈りが力あるもの、効果あるものとなるためでもある。そのようになるのは、祈りを捧げる人たち全員が各人の可能な限りのものを捧げるときだ。それは善意、道徳的に清いこと、祈り、謙遜、そして神を喜ばせると思われることのすべてを捧げるときである。

最初の祈願は「上より降る安和と我等が霊の救のため」である。「我等安和にして主に祈らん」で、どのような心で祈らなければならないかを教えたあと、最初に何を求めるかを教える。それは神からの安和と私たちの霊（たましい）の救いである。ハリストスもこれを求めるよう「神の国と神の義を求めなさい」（マト6の33）と命じた。「神の国」とは霊の救いであり、「上より降る安和」とはパヴェルが「あらゆる人知を越える神の平和」（フィリ4の7）と言った「神の義」であり、ハリストスが『父』のもとへ昇天したときに、使徒たちに「平和をあなたがたに残し、わたしの平和を与える」（イオ14の27）と言い残したものである。義という言葉（マト6の33）がその平等な分配を意味するのではなく、あらゆる善行を意味しているように、ここでも安和とは普遍的なことを意味している。安和はすべての善行の結果であり、すべての霊的な睿智の結実である。完全な安和を得るためには善行は欠かせない。安和の獲得を願う人はあらゆる善行をもって安和に到達する必要がある。何よりもまず、心の中に確固たる安和を得るために自分自身を訓練して、そのあとに神自身からの安和を求めるべきである。訓練によって思慮と謙遜が得られ、さらに神から人の霊に新たな思慮と謙遜が与えられる。また愛、祈り、睿智なども他の善行と同じである。それゆえに、司祭［輔祭］は最初に安和を唱え、この安和をもって神に祈りを捧げるように私たちに命ずる。そのあとに神の賜物としての安和を願うように促して「上より降る安和……のために主に祈らん」と誦する。司祭が唱える安和とは、悪意をもたないことではなく、どのようなことにおいても私たち自身を裁くことのない心［良心］の安和である。この安和の益は大きく、またこの善行はどこでも非常に必要である。雑念にとらわれている知恵は神との交わりに到達できない。安和は多くの人々をまとめ、一つにするが、雑念はまとまりを分断する。そのような人は唯一で単純な神と、どのような方法で交われるのだろうか。安和なくして祈る人は然るべき祈りもできないし、その祈りで何も良きことを得ることすらできない。もし怒りが人を動揺させ、また悪意が心から安和を追い出すなら、祈りによる罪の赦しは得られない。そればかりか、他の恵みを得ることもできない。もし他人の罪で良心が乱され、良心の裁きを受け、その内面的な動揺に影響されるなら、信仰のないことを意味する。「謙遜なくして祈る」という言葉のように、神の前に謙遜と勇気をなくしているのである。信仰なくして祈る人は無駄に祈っているのであり、何の益もない。このため司祭は安和な心で祈るように促す。そして何よりもまず上からの安和、神が与える安和を求め、あらゆる良心の呵責から解かれることを求める。もし私たちの心がそのような状態にあるなら善なる愛に満たされて、他の人々のため、教会のためだけではなく、国やその指導者のため、危険、不幸、艱難の中にある人々や全世界の人々のために祈ることができる。

「全世界の安和のため」と言うのは、ハリスティアニンが『主』はすべての人の『主』、『創造主』、

『造物主』であり、すべての被造物に関心を持っていると知っているからだ。被造物に関心を持っている神に自分自身を捧げることで、人は神をもっと敬うようになる。それは福たるパヴェルの「王たちやすべての高官のためにもささげなさい。わたしたちが常に信心と品位を保ち、平穏で落ち着いた生活を送るためです」（1ティ2の2）との言葉に基づいている。

私たちは霊に関わることだけでなく、物質的な善「気候順和、五穀豊穣」のためにも祈る。それは神がすべての根源、贈与者だと認めるからである。そして『主』にのみ目を向けるのは、霊的なものと共に、毎日の糧を求めるようにハリストスが教えたからだ。

13　各祈願のあとに神の憐みを乞う「主、憐めよ」は何を意味するのか

司祭［輔祭］は多種多様なものを求めるが、参列している信者たちは、なぜ「憐みを受けること」だけで、司祭［輔祭］の祈りのあとに「主、憐めよ」と言うのだろうか。

すでに述べたように、「主、憐めよ」という言葉には痛悔と感謝が含まれている。神に求める憐みとは、ハリストスが求める人全員に与えると約束した神の国と同じである。また神の国だけではなく必要としているその他のすべて（マト6の33）を求めることである。従って参列している信者はあらゆることに効力のある祈り「主、憐めよ」を誦する。神の憐みが神の国を意味しているのは、憐み深い人々はハリストスからその報いを受けると［福音書に］述べられていることから分かる。ある所では「憐みを

得る」と言い、別の所では「神の国を得る」と言っていることから分かるように、憐みと神の国は同じであり、「憐み深い人は、幸いである、その人たちは憐みを受ける」（マト5の7）と言われている。また、別の箇所ではハリストスが『ご自身』を示し、説明するかのように、憐み深い人々である「王の右側にいる人たちに」ついて語り、「さあ、わたしの父に祝福された人たち、天地創造の時からお前たちのために用意されている国を受け継ぎなさい」（マト25の34）と言って、憐みを受けるとは何かを述べている。さらに別の箇所では、憐み深い人々は、「わたしが飢えていたときに食べさせ、のどが渇いていたときに飲ませる」（マト25の35）とある。

こうしてハリストスは憐み深い人々を食卓に迎え入れる。この食卓とは一体何であろうか。「あなたがたは、わたしの国でわたしの食事の席に着いて飲み食いを共にする」（ルカ22の30）とも言っている。その食卓がどれほど光栄に満ちたものであるかは、食卓の給仕をするのが万有の『主』であることから推して知るべきである。同じく「主人は帯を締めて、この僕たちを食事の席に着かせ、そばに来て給仕してくれる」（ルカ12の37）とも述べている。

また『主』は憐み深い人々の裸を覆われる（マト25の36）。人に王国の衣装を与え、『ご自分』の着物を着せる。ハリストスは『王』なのだから、僕のものは何もない。私たちが僕なので王のものが何もないのと同じである。それは「婚礼の礼服」（マト22の12）であり、それを着ている人は王国の中にいる。従って、王はその人を裁かず、外に追い出すこともしない（同13）。『主』は家の扉を開き、その人を中に入れて休ませる。『主』が「旅をしていたときに宿を貸した」（マト25の35）からである。このような恵みにふさわしい人は、すでに僕ではなく、子である。それは「神の相続人、しかもハリストスと共同の相続人」（ロマ8の17）だと言われる。このように神の憐みを求めることは、私たちが神の国を求めるのと同じである。

14　己の身と互いの身を神に委託することについて

祈願の終わりに司祭は私たち自身を神の手に委ねるように促し「至聖、至潔にして至りて讃美たる我等の光栄の女宰、生神女、永貞童女マリヤと諸聖人とを記憶して、我等、己の身、および互いに各々の身をもって、ならびにことごとくの我等の生命をもって、ハリストス、神に委託せん」と唱える。しかし「自分自身を神に委ねること」は全員に与えられていない。このために私たちが唱えるだけでは不充分で、神の同意がなければならない。そのためには神への信頼、勇気、素直さを必要とする。神の前に素直になることができるのは清い良心の持ち主だけである。つまり心が私たちを裁かず責めないとき、また神のことを思い思慮するときこそ、私たち自身の益や要求にとらわれず、神への恩情だけとなる。そのとき私たちは護られているとの確信をもって、安心して自分自身を神に委託し、自分自身への執着を捨て去ることができる。私たち自身を神の手に委ねるという課題は大変重要であり、多くの真剣な思慮を必要とするので、あるときには神の母、聖人の集まりを呼んで援助を求め、それから私たち自身を委託する（これが「記憶する」、「願う」、「祈る」という意味である）。はじめに「信仰のひとつなることと聖神（せいしん）の交わりを」求め、そのあとに「我等己の身および互いに各々の身を」神に「委託する」。

では、「信仰の一つなること」とは一体何であろうか。「心が定まらず、生き方全体に安定をかく人」（イア1の8）は不安定で、落ち着かず二心の人である、と言われている。このような人は八方ふさがりの人である。この反対が〔信仰の〕一つなることである。それは安定、落ち着き、堅固である。強く信じている人は何が存在するか存在しないかを良く知っているが、疑いをもつ人はその名のとおりどちらに対しても疑いをもつ。これが信仰の一つなることである。つまり、あらゆる疑いから遠ざかって不動なことである。

また「聖神の交わり」とは『聖神』の恩寵である。交わりと言われるのは、人と神の間にあった「敵意という隔ての壁」（エフェ2の14）を『主』が十字架をもってなくしたので交わりと言う。以前までかけ離れていた人たち〔神と人〕には交わりがなく、交わりを必要としていた。使徒たちへの『聖神』の降臨によって交わりは実現された。そのときから聖なる洗礼と聖なる傅膏の泉は人々に開放された。これを「神の本性にあずかる」（2ペト1の4）と福たるペトロは述べている。当然あるべき姿で自分自身を神に委託しようとする人には、安定した信仰と『聖神』（聖霊）の佑けが必要である。

同時に、各々は自分を委託するだけではなく、「お互いに」神に委託しなければならない。自分のことだけではなく、愛の誡めに基づいてお互いのことも求めるべきである。

15　唱和詞とそれに伴う祝文について

輔祭が連祷の祈願〔我等安和にして主に祈らん……など〕を行い、信者が主憐めよ、と祈る時、司祭は集まった人たちと「この聖堂」に「神の豊かな恩沢と愛憐」が降るように至聖所で一人黙祷する。そして最後に、神がこの祈りを聞き入れ、ふさわしいものをすべて与えてくれるように祈願する。それは私たちが神の憐みを受けるにふさわしいからではなく、「蓋〔なぜなら〕凡そ光栄、尊貴、伏拝は爾に帰す〔神に帰属する〕」からである。「爾の光栄のためにこれらを願う」と司祭は言う。私たちふさわしくない者たちを仁慈をもって救うのは『爾』が光栄のために行うのである。このような方法の讃栄を「わたしたちではなく、主よ、わたしたちではなく、あなたの御名こそ、栄え輝きますように」（聖詠113の9／115の1）という福たるダヴィドの言葉を引用している。そのため司祭は祝文を述べたあとに「蓋およそ光栄、尊貴、伏拝は爾……」という注解の言葉を述べる。これは結びの言葉なので全員が讃美に参加し、全教会が神を讃美するように、全員に聞こえる大きな声〔高声〕で唱える。それを聞く人たちは讃美への参加者となり、司祭がこの讃美を唱えたあとに信者は「アミン」と付け加える。この言葉によって司祭のすべての祈りは祈りとなる。

そのあと司祭は聖詠を始め、信者は預言者たちの神感の言葉を歌う「至上者よ、主を讃栄し、爾の名に歌うは美なる哉（いかに楽しいことでしょう、主に感謝をささげることは、いと高き神よ、御名をほめ歌い）」（聖詠91の1／92の2）と。これは讃美の始めに適している。ちなみに讃美とは「美」であり、「讃栄」とは感謝と讃美を意味する。

この聖詠が歌われたら〔現在「救世主や、生神女の祈祷によって我等を救い給え」は歌わないが、本来は聖歌「救世主や」の前にダヴィドの第102聖詠の句が唱えられる〕、輔祭はそれまでに行った祈りと同じように「我等また又安和にして……」と再び信者に祈りを促す。

聖詠が歌われ信者たちの祈りが行われているとき、司祭は至聖所の中で「教会の充満」のために神に祈る。特に神の聖なる堂を美しく飾る人たち、聖堂のすべてが光り輝くことを望む人々のために、またそれによって彼ら自身が神からの光栄を受けるために祈り、「蓋〔なぜなら〕、権柄および国と……」と、その根拠を述べる。「王たちは望む者をほめたたえる光栄と権力を持っている。『爾』は永遠の王であり、国と権能は『爾』自身のものである」と司祭は告げる。この讃美の根拠「蓋、権柄および国と……」を司祭は信者全員に聞こえるように高声で唱える。そして再び神の讃美に加わり、また聖詠を始め、〔第二唱和詞「神の独生の子ならびに言……」〕信者もそれに参祷する。そのあと輔祭は再び祈りを唱える「我等、また又安和にして……」と。

また一緒に祈る信者たちのために祝文を唱えたあと、特に一人一人の信者のために、神に求めるすべての願いが叶うように、そして「来世には永遠の生命を得る」ように司祭は祈る〔第三唱和詞の祝文〕。その理由として司祭は神の善と仁愛を挙げて祈る〔蓋、爾は善にして人を愛する神なり……〕。これは結びの祈りなので全員に聞こえるように高声で唱える。

そのあと、第三番目の聖歌が始まる〔小聖入〕。それが歌われているときローソクと香炉を持ち、至聖所の中で務めている人たち全員〔堂役たちを含め〕が参加して福音経の搬入が行われる。福音経は輔祭がもち司祭はもたない。

司祭は至聖所の前にある王門から少し離れた所に立ち、聖歌が終わるまで「主宰、主……求む我等の入るに伴いて、彼の我等と供に務め、共に爾の至善を讃栄する聖神使等の入るを致させ給え」と神に祈願する。そして神が天使と人々から讃美されるべき理由を付け加え「蓋、凡そ光栄、尊貴、伏拝は爾……」と言う。これは『神』を讃美、尊敬、伏拝することを弁えている全員に代わる祈りである。これらを祈ったなら司祭は至聖所に入り福音経を宝座に置く。

16 聖体礼儀全体の意味

ここで再び聖歌の言葉を詳細に説明する。何よりもまず、この犠牲によってハリストスの「オイコノミア機密」が明らかにされている。しかし機密執行の前後に行われることでも犠牲が象られて明らかにされている。それは犠牲がハリストスの死、復活、そして昇天を述べ伝えているからで、『主』の体に変化した祭品は復活し昇天した『主の体』となるからだ。犠牲の前に『主』の降誕前のこと、この世への降臨と現れ、公生活そしてご自身の完全な提示がなされる。犠牲のあとに行われるのは、「父が約束されたもの」（ルカ24の49、使1の4）と『ご自身』が述べているように、使徒たちへの『聖神』の降臨、使徒たちによる異教者たちの回心、そしてハリストス教共同体（社会）の創立である。

秘儀の全体は歴史の一場面となり、最初から最後まで調和を保ち、奉神礼と言葉は全体に適応されて補完する。この秘儀の最初に歌われる聖歌はハリストスの救贖の第一期を表わし、そのあとの聖書の朗読やその他は第二期を表わす。確かに聖書朗読と聖歌には他の意味があるのも事実である。それは霊の潔めと「機密」の準備であり、信者の成聖と「ハリストスのオイコノミア」を意味する。この双方が互いに妨げ合うことはない。衣服が体を覆うのと同時に様々な地位を示すのと同じである。ここでも同様に、聖書が朗読され、聖なる言葉が歌われるが、読んだり歌ったりする人を聖にする。またその選択、定められた順序などによってハリストスのこの世への降臨と現れ、『主』の生涯を再現する効果がある。また聖歌と奉神礼だけではなく、奉神礼執行者にも役割があり、それぞれを定められた目的のために行う。同時に、聖福音経の搬入や祭品の搬入にみられるように、ハリストスの業を象徴し、『主』の行動や「苦難」を象徴する。そのほか最初に詳細に述べたことをここで繰り返さない。

聖体礼儀を詳細に検討するのはその全体が『救主』の救贖の業のイコン［表象］であるからだ。では次に、唱和詞の聖歌を検討する。

17　第一唱和詞の注解

この聖歌は人々に神の讃美を喚起するためなので最初に歌われるのにふさわしい。讃美の歌は『父』と『独生の子』へ向けられている。「至上者よ、主を讃栄し、爾の名に歌い……」（聖詠91の1）、ここの至上者は『父』を、主は『独生の子』を意味する。つまり私たちが爾・『父と子』を讃美するは善いことであると言う。これはあとに続くことの前書きである。このあとで『父と子』を同時に讃美するようになっている。『子』の業績が述べられるが、それによって『父』も同様に讃美される。実際には何が讃美の対象なのか。それは『子』の「ケノシス」〔空しくなること〕であり（フィリ2の7）、貧しさ、業績、その肉体に受けた「苦難」である。これらが「憐みと真実」を述べ伝えている。聖詠は「至上者よ、主を讃栄し、爾の名に歌い、爾の憐を朝に宣べ、爾の真を夜に宣べ」（聖詠91の1—2）と述べている。なぜ憐みなのかと言うと、以前まで私たちは悲惨な状況にあり、神の敵対者であったのに多大な善と仁愛の神は私たちを無視しなかったからである。また私たちの不幸の痛みを分かち合うだけで満足せず私たちの不幸に、つまり死と朽ちることに自ら参加したのである。そして悲惨な陥罪から私たちを引き上げただけでなく、私たちを最も大いなる善・天国にふさわしい人としたのだ。これについてパヴェルは「わたしたちの救い主である神の慈しみと、人間に対する愛とが現れたとき」（ティト3の4）と述べている。その時に善と仁愛の全体が初めてあらわされ、いかに大きいかが鮮明になったのである。そして『主』は「神はそれほどに世を愛された」（イオ3の16）と言い、単純な言葉で神の愛の至大さと豊かさをあらわした。このような理由から『救主』の贖罪の業績を「憐み」という言葉であらわす。同様に、これを「真実」とも言う。「神のオイコノミア」の影と預象であった旧約聖書は「ハリストスのオイコノミア」に向けられていたからである。この理由からダヴィドは『救主』の救贖を「主はダヴィドに誓われました。それはまこと」（聖詠131の11／132の11）と語っている。では、神は何を誓われたのか。それはハリストスの藉身（受肉）と生命である。誓いは次のように述べている「あなたのもうけた子らの中から、王座を継ぐ者を定める」（聖詠131の11／132の11）と。これは『救主』を示している。どこからそれが明らかになるのかと言うと、それは天使首ガヴリイルが「処女」が種なくして神妙に『子』を産み、生まれる『方』がいかに大いなる『方』であるかを伝えたとき明らかにしている。「処女」に「神である主は、彼に父ダヴィドの王座をくださる。彼は永遠にヤコフの家を治め、その支配は終わることがない」（ルカ1の32―33）と言った。

また、この真実を「裁きと公平」（聖詠98の4／99の4）とも言う。救世主は罪悪を追放し悪魔を殺したが、それは神の超自然的な能力や権力で行ったのではなく「公平と公義とは爾の宝座の基なり」（聖詠88の15／89の15）との聖書に基づいた裁きと公平とで行ったからだ。これは私たちが裁判所で裁判官の投票によって相手側に勝利するのと同じである。これについて『主』は「苦難」を受ける前に「今こそ、この世が裁かれる時、今、この世の支配者が追放される」（イオ12の31）と語っている。

これらを考慮して福たるディオニシイ・アレオパギトは「神の善の限りない愛は反旗する多くの悪魔を破壊したが、限りなく至大な神の能力ではなく、神妙に私たちに伝達される神の裁きと公平とでそれを行った」（ディオニシイ・アレオパギト、『教会イエラルヒアについて』Migne, P.G.3, 441）と述べている。

救贖の業が「憐みと真実」だけではなく、「公平と裁き」でもあることを聖歌は表して「主、我が防固の義にして、その中に不義なきを表すを致す」（聖詠91の16／92の16）と付け加えている。また、「爾の憐みを朝に宣べ、爾の真を夜に宣べ、……美なる哉」（聖詠91の3／92の3）とあるように、私たちは昼夜神を讃美しなければならない。「朝」と「夜」の語がこれを意味している。これと同じことを他所では「どのようなときも」（聖詠33の2／34の2）と述べている。以上が第一唱和詞の注解である。

18　第二唱和詞〔第92聖詠〕。聖体礼儀のはじめに歌われる預言は何を意味するのか

第二唱和詞では『神の子』の能力、そして光栄、国を意味して「主は王たり、彼は威厳を衣たり」（聖詠92の1／93の1）と言う。また『主』のケノシス〔謙遜・虚無〕と清貧を讃美する。しかし、なぜここで預言の言葉を用いるのだろうか。これは『救主』の救贖の業において、どのような意味があるのだろうか。これは『主』が世に現れた始めを意味していて、そのともし火（イオ5の35）である授洗者イオアン（ヨハネ）より以前に「言は世にあった」が「世は言を認めなかった」（イオ1の10）とある。また多くの人々がそれ感じていなかったので預言する必要があった。しかし、あとになって預言されていた『彼自身』が現れたとき『主』を位格的に存在する『方』としてイオアンが示した。またイオアン以前に『父』が『主』を示している（イオ1の29―34、マト3の13―17）。これについては「すべての預言者と律法が預言したのは、イオアンの時までである」（マト11の13）と言われている通りだ。歌われる預言はその時期、つまりイオアン以前を意味する。従って、まだ信者たちの前にはハリストスを意味する祭品もなく、それはあるべき場所に布で覆われ安置されている。

では、「主は王たり、彼は威厳を衣たり」（聖詠92の1／93の1）という聖詠の言葉を検討する。人々がハリストスを知り、『主』に従ったときに知恵を得た。それを「国」と呼んだのは『主』がしかるべき光栄と美、力に満ちているのを知ったからである。これは『主』が「わたしは天と地の一切の権能を授かっている」（マト28の18）との言葉を指している。こうして天地の住人たちは実際に自分たちの

まことの『主』を知った。その他に、この聖詠（詩編）はハリストスの光栄について述べている。また、この「国」の存在を説明しつつ、預言は「故に世界は堅固にして動かざらん」（聖詠92の1／93の1）と言う。「動かざらん」とは信仰を意味する。『主』は動揺していた人々を落ち着かせて『自分』に導き入れたからだ。預言者は以上のことを述べたが、『主』は「あなたがたは行って、すべての民をわたしの弟子にしなさい。彼らに父と子と聖神（聖霊）の名によって洗礼を授け」なさい（マト28の19）と言った。これは信仰の教えである。だが天国は信仰だけでは充分でない。信仰だけで人々を完全に従わすことができないので誡めを守るように付け加えた。

預言は「爾の啓示は誠に正し」（聖詠92の5／93の5）（預言者たちの爾に関する預言は忠実なものと示された）と言う。また『主』はすべての民を洗礼するように使徒たちに誡めを与え、次のように付け加えている「あなたがたに命じておいたことをすべて守るように教えなさい」（マト28の20）と。『救主』が誡めと呼んでいることを預言者は啓示と言った。神の誡めを啓示と呼ぶのは聖書全般に見られる。

そのあと、聖詠作者は「主よ、聖徳は爾の家に属して……」（聖詠92の5／93の5）と言う。このアギアズマ（聖徳）とは犠牲、献物、神に捧げるべき奉神礼すべてを意味する。それらは神の家にふさわしく、神の家は空であってはならないと預言者は言う。それは神からかけ離れた荒野ではなく、「主人」を得ている神の家だと明示する。もし神の家が空であるなら、神にふさわしい場所ではない。『主』もこれと同じことを意味して、永遠に教会と共にあると約束した（マト28の20）。教会を「生ける神の家」、「生ける神の教会」であり、「神の家でどのように生活すべきかを知ってもらいたいのです」（1ティ3の15）とパヴェルは語っている。「いつもあなたがたと共にいる」（マト28の20）を預言者は「永遠に至らん」（聖詠92の5／93の5）と言い、『主』は「わたしは世の終わりまで、いつもあなたがたと共にいる」（マト28の20）と言う。この唱和詞は預言が『救主』の十字架と死によって実現したことを正確に述べている。

19　第三唱和詞の注解

次の唱和詞［第三］は受け答えのようで、まさにいま『主』が近づいてきて、それが見えるかのようである。ハリストスの現れを意味する福音経が示され［小聖入］、同時に第三唱和詞が歌われる。預言者がこの讃美を歌ったとき、霊（たましい）の目でハリストスの姿を見ていた。それは他の人々を讃美に招くために「来たりて主に歌い」（聖詠94の1／95の1）と言い、預言者が喜びと感謝に満ちていたのを証明している。もし『主』が来ないなら人々に喜びは訪れないであろう。ハリストスはただ独り喜びをもたらす『方』である。ただ『主』が来る前に必ず他の人が『主』の奥義を預象して人々を喜ばせた。ハリストス自身が「あなたたちの父アブラアムは、わたしの日を見るのを楽しみにしていた。そして、それを見て、喜んだのである」（イオ8の56）と述べている。また、ダヴィドは「爾が救の喜びを我に還せ」（聖詠50の14／51の14）と記している。罪を犯す前にハリストスに在って獲得していた先験的な喜びは罪を犯して失ったので、再び与えられるように神に願う。つまりダヴィドが「来りて光を受けよ」と言うと光が現れるのと同じように「来りて主に歌い」と言うと喜びをもたらす『方』が現れる。

続いてダヴィドは同節でハリストスを『救主』、『主』と呼んでいる。「来たりて主に歌い、神我が救の防固に呼ばん」（聖詠94の1／95の1）。聖書はハリストスを『救主』、『救い』と呼ぶ。それは神の原理である『三位格』の中で『子』が私たちに救いをもたらしたからである。パヴェルが「人々の罪を潔められた後」（エウ1の3）と述べているように救いに必要なすべてを『主・自身』が有していたのである。これは『主』がたとえ話で「迷った羊」を探すために他人を遣わさず『自分』が探しに出掛けて行き、見つけ出して、それを肩に担いで携えて来た善き牧者の模範で明らかなので「救い主」という意味の「イイスス」（イエス）という名で呼ばれた（ルカ15の4―6、マト18の12―13）。「讃揚を以てその顔の前に進み」（聖詠94の2／95の2）という聖詠作者の「顔」は『救主』の世への現れを意味している。『救主』が私たちのところへ来るのを家で待つのではなく、「讃揚を以て」、つまり讃美と「歌を以て」（聖詠94の2／95の2）『主』を出迎えるのだ。『主』を神として伏拝し、歌（詩編）をもって讃めたたえよ、という。『主』は「僕のかたち」（フィリ2の7）を受け入れたが、人間の肉体を取った『万物の主』として認めなかったり、スキャンダルを起こしてはならない。そして現象に迷って『至高な方』について低俗な思いを抱いてはならない。「主は大いなる神、大いなる王にして諸神に勝る」（聖詠94の3／95の3）からであり、神は人間の肉体の下に覆われているからである。第92聖詠は神にふさわしい讃美を続ける。

20　聖福音経の捧出《ほうしゅつ》と「聖三の歌」について

三つの唱和詞が歌われたなら、司祭〔輔祭が行う〕は聖堂の中心である祭壇の前に立ち、聖福音経を高く持ち上げて信者に示しつつ「睿智、謹みて立て」と言う。福音経を信者に示すことは『主』が人々の前に現れたことを意味する。福音経はハリストスを意味する。それはアブラアムが地獄で金持ちに「モイセイ（モーセ）と預言者がいる」（ルカ16の29）と言ったように神の神（霊）によって記された書を「預言」と呼ぶのと同じである。ここでは預言されていた『方』が位格的に現れるので、すでに預言者の言葉に注意を払う必要はない。福音経が捧出されると預言書からの言葉はなく、新約聖書の言葉が歌われる。私たちのために地上に降って耐え忍ばれたハリストスを讃美し、『主』の至聖なる母、或は他の聖人たちをも讃美する〔小聖入の祝文〕。これこそ教会が不断に祝う機密である。

そのあとに「聖三の歌」〔聖なる神、聖なる勇気……〕が歌われる。これは『救主』の出現で私たちが学んだ『聖三者の神』を讃美するものだ。この「聖三の歌」は聖詠と天使の言葉から成立していて、ハリストス教会が編集して『聖三者』に捧げた。「聖なる神、聖なる勇気、聖なる常生のもの」は「聖なる、聖なる、聖なる万軍の主。主の光栄は地をすべて覆う」（イサ6の3）とか、「聖なるかな、聖なるかな、聖なるかな、全能者である神、主、かつておられ、今おられ、やがて来られる方」（黙4の8）などと同じ天使の讃美である。また「勇毅なる神、不死（常生）の神」はダヴィドが「我が霊は勇毅生活の神に渇く」（聖詠41の3／42の3）と言っている箇所から引用されている。二つの讃美の組み合わせを認めること、そして「聖三者の神」を知る教会が「聖なる神」の最後に「我等を憐めよ」と唱えるのは、一方では旧約と新約の調和を認め、他方では天使と人間が一つの教会、一つの合唱隊となり、天地に現れるハリストスを讃美している。このため福音経が捧出されて信者に示されたあとに、地上に現れたハリストスが私たちを天使と同じ位にされたことを宣べる「聖三の歌」を歌う。

21 「聖三の歌」に伴う祈りについて、聖なる高声「謹みて立て、睿智、謹みて聞くべし」について

「聖なる神」が歌われるとき、この讃美が神に受け入れられ恩寵をもって応えるように司祭は祈る。それは「聖三の歌」と調和する。「我等に凡そ自由と自由ならざる罪を赦し、我が霊と体とを聖にし、我等に生涯善功をもって爾に務むるを得せしめ給え」と。そして司祭は「……爾の喜びをなし諸聖人との祈祷によりて……蓋、爾は聖なり……」と最後にその理由を付け加える。それは聖人たちの中で喜ぶことであり、成聖の完成が聖人の特徴であるからだ。この高声を発したあとに信者に向けて司祭が喚起を促すと、信者はいつものように「アミン」と応え「聖三の歌」が始められる。

「聖三の歌」が終わると、[信者が]無為に立つのではなく、行われていること、これかの朗読に注意するように司祭は命じる。「謹みて聞くべし」とはこの意味である。そのあと全員の平安を祈り、機密において注意すべき睿智を思い起こさせる。睿智とは何であろうか。それは聖務を見つつ読まれたり歌

われることと調和し、同意することである。それは信仰に満ち地上のものにとらわれないとの意味である。これがハリスティアニンの睿智であり、聖体礼儀の中で聖職者が度々発する「睿智」という語はこの意を喚起する。このようにしてお互いに一つの語で多くの意味を思い起こさせ、祈っている信者の記憶に睿智を新たにする。なぜこのような喚起が必要なのだろうか。それは忘却の代償は大きいからである。神とその言葉を簡単にそして度々忘れることほど、人間をだめにする病はない。私たちは適切で敬虔な意識をもって「聖体礼儀」に立ち、見守らなければならない。そして行われていることを敬虔な感情で見聞しなければならない。もちろん、聖体礼儀に無為に参加して時を無駄にしないよう望むならである。これは簡単ではない。私たち自身が目覚めていて、注意を払わなければならない。このように司祭〔輔祭〕が「謹みて聞くべし」〔注意しなさい〕と言って度々私たちの思いを喚起する必要があるのは、常に忘却によって閉ざされる睿智、無意味な思慮に左右され易い知性を確かにするためなのだ。

祭品が祭壇に搬入されるときに歌われる「ヘルヴィムの歌」の中で「この世の務めを退くべし」というのも同じ意味である。これも「睿智」の意味である。同様に「謹みて立て」も感情の喚起を含んでいる。何のための喚起か。それは聖体礼儀で聞くこと、見ること、言われることのすべてに注意深く、情熱と熱心と謙虚さをもつことだ。無感覚と弱さをもって神と出会い、神との対話を行なうのではなく、感奮して聖機密に立つように促す。私たちが聖機密に思いを巡らし、注意し、敬虔をいだいている第一の印は、聖なる奉神礼を見守るとき、座るのではなく立つことにある。この姿勢は祈願する人の姿であり、思いのすべては主人に向いている僕の姿である。それは主人の最初の合図で仕える用意と、命令を受けてすぐに実行できる姿である。私たちはより大きな益を、つまり救いを神に祈願する人である。私たちはあらゆる従属に定められた僕なのである。

22　聖書の朗読について、その順序と意味について

「聖三の歌」のあとに使徒経が読まれ、教会の神への讃美〔アリルイヤ〕が歌われ、福音経が読まれる。なぜ聖書の朗読前に神を讃美するのか。それは絶え間なく私たちに与えられているすべての善、特に聖なる言葉を聞くという大きな善を讃美するためだ。使徒経の朗読には讃美の前に「我等を憐めよ」と祈願するが、福音経のときは明確で簡潔な聖歌によって祈願が行われる。それは福音経がハリストスを象っていることを知るためだ。そして『主』を見出した人々は求めたものを手にしている人々である。すでに『花婿』が一緒にいるのですべてを得ていて、何も求める必要はないのである。それは「花婿が一緒にいる間、婚礼の客は悲しむこと〔断食すること〕ができるだろうか」（マト9の15）と言われているように、求める必要はなく、ただ『花婿』を讃美し、敬うことだけで充分である。預言者たちが教えているのと（この書第20章を見よ）同じ理由から天使たちの祈りには祈願は全くなく、讃美だけなのである。

では、聖体礼儀のここで聖書が朗読されるのは、何を意味しているか。この理由についてはすでに述べた。大いなる機密の成聖前に私たちを潔め、準備するためである。また、それは『主』がこの世に降られた後にあった『主の現れ』を意味している。最初聖書は閉じられたままで出される。それは『主』

の出現と『父』が『主』を明らかにしたとき『主』は沈黙していたことを意味する。また『主』が何も話さないときは他の声が『主』を述べ伝える必要があることを意味している〔メシアについての授洗者イオアンの叫び声、そして上からの『父』の声「これはわたしの愛する子、わたしの心に適う者」(マト3の14―17、イオ1の29―34)があった〕。しかし、ここでは『主』が公に人々の中に入り、自分が何者かを語った『主』のより完全な出現を象徴している。また『主』が人々に教えたことだけではなく、「イスラエルの家の失われた羊のところへ行きなさい」(マト10の6)と言って送り出した使徒たちへの教えも含まれている。このような理由から使徒経と福音経が一緒に読まれる。

なぜ最初に福音経が読まれないで、使徒経が読まれるのか。それは使徒たちによって語られることよりも、『主・自身』の言われたことが私たちにとっては完全であるからだ。『主』はその能力において、どのような『方』であったのか、善においてはどうであったのかなどは完全には人々に明らかになっていない。それは『主』の再臨の時に明らかになるが、無知から知識へと私たちが進むように、『主』の顕現がいきなり突然に行われたのではないことを示すために、福音経の前に使徒経が読まれる。『主』の完全な顕現である黙示のテキストは、以下で示されるように最後まで残される。

23　福音経朗読のあとに行う祈願について

福音経が朗読されたあと輔祭は信者に向かって祈りを促す。一方、司祭は至聖所の中で低い声で信者たちの祈りが神に受け入れられるように願う。そして高声で神を讃美したあと信者たちと共にまた讃美に入る。

福音経のあとに全員で行う祈りとは何だろうか。それは福音の誡めを守る信者と、福音経が示すハリストスの仁愛をまねる人たちのために捧げる祈りである。そのような人たちとは誰なのだろうか。それは教会を司る［監督する］人々、民衆を導く人々、国家を支配する人々である。もちろん彼らがその約束を忠実に守り、福音に書かれていることを守り、民衆に正しく教え「この人々はハリストスの補助者として、ハリストスの苦しみの欠けたところを補い、ハリストスの精神に従ってハリストスの信者を司る」（コロ1の24参照）ならである。また福音経のあとに行われる祈りは、教会や修道院を建て、それを維持する人々、善行の教えを説く人々、そして全般的に教会と聖堂の共通な善のために様々な形で働く人々のために行われる。司祭の祈りの中にはこれらすべての人々が含まれている。それは共同の祈りの対象にふさわしい人々である。

そのあとすぐ犠牲へと進むが、啓蒙者［洗礼を受けるための準備をしている人］は参加できないので司祭［輔祭］は彼らに聖堂から出るように促す。彼らはハリストス教を耳だけで受け入れている人々である。このような人々のための祈り、つまり彼らが時に適いて［善き機会が与えられて］洗礼機密によって完全になるようにとの祈りを唱え、彼らに信者の場から出るように促す。祝文によると、この祈りの動機は「彼らも我等と共に、爾の至尊至栄の名を讃揚する」ためである。これを信者たちと共に高声で唱えるが、この神への讃美は次の祈りをもたらす。それは神への感謝である。この感謝とは司祭が神の前に立ち、自分自身と人々のために手を挙げるにふさわしい者となったこととの感謝である。そのあと清らかな良心をもって常にこの聖なる祈りを捧げられるように祈願してから「蓋凡そ光栄、尊貴、伏拝は爾、父と子と聖神に帰す……」と司祭は言う。こうして信者と共に神を讃美したなら、いつものように自分自身と信者のために祈る。まずは彼自身が聖卓（宝座）の前で裁かれることなく、「肉と霊［神］のあらゆる汚れ」（2コリ7の1）のない清らかな姿で立ち、そして信者は呵責も裁きもなく「機密を領ける」にふさわしくなるように、また機密に交わって天国を受け継ぐことができるように祈る。祈りの動機は神の光栄であり、パヴェルはこの光栄のためにすべてを行うように命じた。彼は人が行うことすべての目的は神の光栄であると言う「何をするにしても、神の光栄を現すためにしなさい」（1コリ10の31）と言っている。農民は労働の目的である収穫を得るために働く、商人は儲けのため、その他の労働者もそれぞれの目的のために働く。しかし、あなたがたは何をするにしても、すべてのことに神の光栄を求めなさい。それは私たちが僕であり、そのように神に務める義務があるからだ。その第一は神が私たちを創造し、後に『神の子』の血で私たちを贖ったからである。それゆえに教会は至るところで神の光栄を願い、すべてに向かってそれを叫び、あらゆる方法で神の光栄を讃美する。教会のすべてはこの意味をもち、神の光栄のために行われる。祈り、祈願、秘儀、教訓、すべての聖なる行いがそうである。

24　祭品を宝座（祭壇）に移すことについて

司祭は高声で神を讃美してから至聖所［奉献台］に来て、祭品を取り、高く頭の位置に挙げて持つ。

ハリストスと天使たち

そして慎ましく敬虔にして至聖所から出て、ゆっくり聖堂の信者の間を通って祭壇〔至聖所の中央にある宝座〕に持ち込む〔大聖入〕。信者は通る司祭の前に畏敬と敬虔を持ってひざまずき、祭品奉献のときに司祭が自分たちを記憶するように願う。司祭はローソクと香炉に伴われて進み、再び至聖所の中に入る。これは実用的な目的があって行われる。犠牲とされる祭品は宝座に移され、その上に置かれるべきであるからだ。それは盛大に、そして敬虔に行われる。昔からそのように神への献物がなされてきたからである。王が神に献物をするときでも、他の人がそれを行うことはできなかったので王自身が王冠をつけて行った。

最後に、〔信者が立っている〕聖堂に聖祭品を携行するのはハリストスの最後の現れを意味している。『主』が犠牲となるために故郷からエルサレムに最後の旅をしたとき、イウデア人たちの憎しみは最高潮に達した。それは『主』が若いロバに乗ってエルサレムへ入城したとき、多くの人々に歓迎されたことを意味する。この聖祭品が携行されるとき、司祭が次の祈りの中で私たちを記憶するようにひざまずいて願うべきである。この畏るべき犠牲のときの祈り以上に強力で希望を与える祈りはないからである。また、この犠牲は無償で世の不法と不敬虔を潔めたからである。もし大聖入のとき司祭の前にひざまずく人で、これは『ハリストスの体血』に伏拝しているると考える人がいるなら、それは間違いであり、先備聖体礼儀と取り違えている。それぞれの聖体礼儀の違いを理解していない。ここで述べている聖体礼儀の大聖入での祭品はまだ犠牲にされていない不完全なものである。一方、先備聖体礼儀の祭品は犠牲として捧げられた完全なハリストスの『体血』である。

25　祭品の聖入後に行う司祭の祈りと信者への促しについて

司祭は祭品を宝座の上に置き、犠牲のときを迎えると祈りをもって自分自身を潔めて聖務に備える。そして自分自身だけではなく、参加している信者を相応な愛と信仰告白（信経）へと導き入れ、恩寵へと順序よく向かわせるために祈る。祈り、愛、信仰告白の三つの中に『主』が「用意していなさい」（マト24の44）と言われたものがある。そこに信仰と行いがあり、信仰は信仰告白（信経）で表され、行いは愛によって表される。愛はあらゆる善の終着点〔完成〕であり、すべての善行を含みもつ。司祭によるこの導きは少しあとに行われる。その前に当然祈るべきことを求めて「献げたる尊き祭品のために主に祈らん」と信者たちに告げ、私たちの前にある祭品が成聖されて最初の目的を達成するように神に願う。神に捧げるべきその他の祈りを付け加え、最後に私たち自身とお互いが生命のすべてを神に委託するように覚醒させ、最後に高声で「爾の独生子の慈憐によりてなり、……」と常のように祈り讃美する。信者が讃美に参加したなら、彼らに平安を祈り、覚醒を促す。「衆人に平安」と言ってから「我等互いに相愛すべし」と付け加えるのが、その意味である。お互いに祈り合うことは使徒の誡めなので（「互いのために祈りなさい」イア5の16）、信者は聖歌隊を通して「爾の神（霊）にも」と同じ平安を司祭のために祈る。人々の「お互い」の愛には神の愛が伴い、神への愛には完全で生きた信仰が伴う。そのため司祭が信者にお互いの愛を覚醒させると、すぐにその理由を述べる。それは「同心にして承け認める」ためだと唱える。続いて信者は『聖三者』への信仰を告白して「父と子と聖神、一体にして分かれざる聖三者を」と応える。

26 信仰告白について、信仰告白のあと司祭が信者に促すことについて、また信者はそれに何と応えるのか

また、司祭は神について学んだこと、信じていることを語るように促す。それは使徒が「わたしたちは、信仰に成熟した人たちの間では知恵を語ります」（1コリ2の6）と言う知恵［ソフィア］を語ることだ。「この世の支配者たちはだれ一人、この知恵を理解しませんでした」（1コリ2の8）と言ったよ

うに、感覚による知恵や科学より偉大なもの、至高なものを世は知らなかったし、またその存在を信じようともしなかった。司祭［輔祭］は「門、門……」と言いながら信者をこの知恵に導く。私たちの門である口と耳を知恵のために開くように促すのである。口と耳を知恵のために開放して常に睿智の言葉を述べ、聞くように司祭［輔祭］は言う。そして、それを不用心に行うのではなく最大の注意を払って行うように「門、門、謹みて聞くべし」と言う［ギリシアとロシア語では「睿智」という語が入っている］。これに対し信者は「信経」を大きな声で唱える。司祭［輔祭］は続けて「正しく立ち、畏れて立ち」と言い、迷いの教えに惑わされることなく、告白する信仰に堅固に立つように言う。「畏れて」と言うのは信仰に関して懐疑心をもつことが危険だという意味の言葉だ。堅固な信仰をもって立つなら神への祭品の奉献は当然あるべき姿になる。当然あるべき姿とはどのような状況なのか。それは「安和にして」である。従って司祭［輔祭］は「謹みて安和にして聖なる献物を奉らん」と言う。『主』の言葉を思い出すと「あなたが祭壇に供え物を献げようとし、兄弟が自分に反感を持っているのをそこで思い出したなら、その供え物を祭壇の前に置き、まず行って兄弟と仲直りをし、それから帰って来て、供え物を献げなさい」（マト5の23―24）とある。信者はこれに応えて「安和の憐み、讃揚の祭を（親しみの献げもの、ほめ揚げの祭りを）」［祭りはギリシア語の犠牲の訳語］と言う。つまり安和とともに献物を奉るのではなく、あらゆる献物や祭り［犠牲］の代わりに安和そのものを奉ると言うことだ。「わたしが求めるのは憐れみであって、いけにえではない」（オシ6の6、マト9の13）と言った『方』に私たちは憐みを献げる。憐みと愛は安定した清らかな安和の結実である。いかなる欲望もないとき心は憐みで満ち、そして憐みが邪魔されないだけでなく、「讃揚の祭り」を献げることができる。それが讃美と祝讃である。

信者がこれを言ったなら、司祭は信者のために何よりも聖なる、至高なることを求めて「願わくは我が主イイスス・ハリストスの恩、神・父の慈、聖神の親しみは、爾衆人と共に在らんことを」と言う。信者は司祭に同じことを願い「爾の神にも」と応える。これはお互いに祈り合うように教える誡めに従った司祭への応えである。この「願わくは、我が主イイスス・ハリストスの恩……」という祈りはパヴェルの書簡からの引用である（2コリ13の13）。これは『至聖三者』の様々な善である「完全な賜物」（イア1の17）を私たちに与える。そしてそれぞれの善を『至聖三者』の各位格に基づいて述べている。司祭は『子』から恩（めぐみ）を、『父』から愛〔慈しみ〕を、『聖神』からは親しみを私たちのために祈る。私たちがまだ何も捧げず『主』の前では負債者なのに『子』は『自身』を犠牲として与え、「不信心な者のために死んでくださった」（ロマ5の6）のである。私たちへの『子』の摂理とは恩〔恩寵〕である。『神・父』は『子』の苦難をとおして敵対していた人類と和解し、愛されたのであるから、『父』の私たちに対する慈（いつくしみ＝〔善きエネルギア〕）を愛と呼ぶ。「憐れみ豊かな神は」（エフェ2の4）和解した敵にその善を与えるべきであった。それを行ったのが使徒たちの上に降った『聖神』である。このため『聖神』の人々に対する善を親しみ〔交わり〕と呼ぶ。

ある人は次のように言うかもしれない。これらの様々な善は『救主』の世への降臨ですべて人々に与えられたのに、なぜすでに与えられた賜物のために祈りが必要なのかと。もちろん、これらを得て失わないように祈り願っているのは明らかであり、それらを最後まで守り抜くように司祭は祈っている。だから司祭は「あなたがたと共にあるでしょう」とは言わず、「爾、衆人と共に在らんことを（あなたが

『司祭長』ハリストスと天使たち

たと共にあるように）」（あなたがたに与えられた恩寵があなたがたから遠ざからないように）と言う。司祭がこの祈りを信者に与えてふさわしい者となり、心がこの世から離れたなら司祭は思慮と感情を高揚させるように「心、上に向かうべし」、つまり「上にあるものに心を留め、地上のものに心を引かれないようにしなさい」（コロ3の2）と言う。信者は「私たちの富のあるところ」（マト6の21）に、ハリストスがいるところに、『父』の光栄の中に心があることを表明して「主に向かえり」と応える。

27　献物の成聖とその前に行われる感謝について

私たちがこの至高にして神聖なる準備を備えたら『司祭長』として「交わりの機密」を与える前に『父』に感謝したハリストスに倣い、司祭はあらゆる善の授与者である神に感謝を捧げる。そして司祭は祭品を成聖する祈りの前に、我等の主・神イイスス・ハリストスの『父』に感謝を捧げるよう「主に感謝すべし」と言う。信者がこれに同意して「父と子と聖神……」と表明するのに続いて司祭は神への感謝を行う。そして神を讃美し、天使と共に讃栄してから『救主』の言いがたく理解しがたい救済について述べ、私たちのためになされたすべての善のため『主』に感謝する。それから祭品をささげ、犠牲を完結する。つまりあの畏るべきハリストスの晩餐（最後の晩餐）をどのようにして聖使徒たちに与え、いかにしてアルトスと爵（杯）を手に取ったかについて、また感謝したあとにそれを捧げたことについて司祭は述べる。また司祭は機密を表現するためハリストスの言葉を述べる。『神の独生子』の聖なる言葉を言い、司祭はその前にある献物に同じことが実現するように祈り、願い、伏拝する。そして祭品のアルトス〔羔〕が「尊貴なる体」に、ぶどう酒がハリストスの「至浄なる血」に聖変化するように、全能で至聖なる『聖神』に祈る。これらの言葉を述べる祈りが行われたなら、すべての聖務は「終わり、そして成就された」のだ。献物は成聖され、犠牲は終わり、世界の救いのために屠られた大いなる犠牲は聖なる宝座に、私たちの目の前にある。アルトス〔羔〕はすでに『主』の体の象形ではなく、真の献物をかたどる献物でもなく、救いある苦難の再現でもなく、これは正に真の「献物」なのである。

これは非難、裁き、罵り、傷を受け、十字架にかけられ、屠ふられ、「ポンティオス・ピラトスの面前で立派な宣言によって」（1ティ6の13）証しを行い、頬を打たれ、むち打たれ、唾され、酢をなめられた『主』の「至聖なる体」である。同様に、ぶどう酒は体が屠られたときに飛び散った血である。この「体血」とは『聖神』によって福なる『童女』から生まれ、葬られ、三日目に復活し、天に昇り、『父』の右に座った『体血』なのである。

28　私たちがこの機密にもつ信仰の確信はどこからくるのか

私たちがこの機密に対してもつ信仰は何に基づいているかと言うと、『主』自身が「これはわたしの体である」（マト26の26、マル14の22、ルカ22の19）と言われたからだ。『主』自身が使徒たちに、また彼らを通して全教会にこれを行うよう「私の記憶としてこのように行いなさい」（ルカ22の19、1コリ11の25）と命じた。もし命じたことを行うための能力が使徒たちになかったなら、そのような命令を与えなかったであろう。ではこの能力とは何だろうか。[1] それは、『主』が「高い所からの力に覆われるまでは、エルサレムにとどまっていなさい」（ルカ24の49、使1の8）と言われたように、その高きから使徒たちを武装させた能力、『聖神』である。

（1）どのような方法でパンとぶどう酒がハリストスの体血に変化するのであろうか。それは永貞童女の胎内に藉身したように『聖神』によってである〔フィロカリア、4巻、二八七頁を見よ〕。

『聖神』は一度だけ人々に降臨してその後は降臨しないのではなく、『救主』は常に私たちへ『聖神』を遣わしているので私たちと共にある。「この方は、真実の神である。世は、この神を見ようとも知ろうともしないので、受け入れることができない。しかし、あなたがたはこの神を知っている。この神があなたがたと共におり、これからも、あなたがたの内にいるからである」（イオ14の17）と。この『聖神』が司祭たちの手と口をもって機密を行うのである。『主』は私たちに『聖神』を遣わしただけでなく『主・自身』が「世の終わりまで」（マト28の20）私たちと共にあることも約束した。『憮恤者』〔聖神=聖霊〕は見えないが存在している。見えないのは『聖神』が藉身しなかったからである。これに対して『主』は畏るべき機密を通して見ることができ触れることができる。『主』が人性を衣、また永遠にそれを衣ているからだ。これが成聖の力であり、真の司祭である。一度犠牲となって『ご自身』を捧げただけではなく私たちのために不断にその務めを行い、そして神の前では私たちの不断な仲介者、補助者、代弁者となっている。そのため「あなたはとこしえの司祭」（聖詠109の4／110の4）と言われた。その他の奉神礼についても同じで、もし献物の成聖が司祭たちの勤めと祈りによって行われるなら、それに対するいかなる疑いも信者には許されない。

29　ラテン人の私たちに対する非難について。その非難に対する反論と問題解決

一部のラテン人〔ローマ・カトリック教会の聖職者や信徒〕が私たちを非難している。彼らは『主』が「取りて食べよ……」と言ったのだから尊い献物を聖にする祈りには他に何も付け加える必要はないと言う。『主』の言葉によって聖務は行われ、終わっているのだと言う。「取りて食らえ……」と司祭が言ったあとでも、それらがまだ普通のアルトスとぶどう酒であると考え、まだ成聖されていないかのように祈りを行う人は信仰のない人であり、無駄で余計なことをしていると彼らは言う。「取りて食らえ……」によって献物の成聖は行われ、その他の祈りは必要ないと言う根拠に金口イオアンを証人として引用している。神が「産めよ、増えよ」と一度言った創造の言葉には永遠の効力があるように、『救主』が一度言われた言葉にも永遠の効果があると彼らは言う。第一に、『主』の言葉を信じるより自己の祈りを信じる人々は『主』の言葉を弱いものにしている。第二に、主の言葉以上に自分自身を信じていると思われる。第三に、機密を何か不確実なものに依存させている。つまり人間の祈りに依存させ、確信をもって信じるべきことに疑いをもっているのである。この場合たとえパヴェルのような善行を行っても、祈る人の祈りは聞き入れられないし、その必要もないのであると〔ラテン人は〕言う。

これらすべてを誤りと証明するのは簡単だ。第一に、彼らが根拠としている聖金口イオアンの言葉を検討する。ハリストスの「取りて食らえ……」は創造の言葉「産めよ、増えよ」と同じ効力を持つのか否かを検討する。神は「産めよ、増えよ」（創1の22、8の17、9の7）と言った。これは何であろうか。

この神の言葉のあと、何が必要であろうか。増えるためには誰の援助も必要としないのだろうか。結婚、男と女の結び付き、そのほかの配慮は必要ないのだろうか。それらなくしては人類存続の可能性もなく増えることもない。つまり結婚が必要であり、その目的のために祈る。私たちが神の創造の言葉を軽視しているのではなく、神が誕生の原因であると知りつつも、その方法には結婚、養育、その他のことが必要である。このように献物の成聖機密においても、『主』の言葉には成聖の力があると信じるが、それは司祭を通して、司祭の仲介と祈りを通して行われると私たちは信じる。『主』の言葉は簡単に力を表すのではなく、多くのことが必要であり、それらなくして結果は得られない。ハリストスの死が世に罪の赦しをもたらしたことを知らない人はいるだろうか。それを私たちが知っているがハリストスの死後でも悔い改め、告解、そして司祭の祈りは必要である。そして前もってこれらを行わない限り、人はその罪から解かれない。どうしてだろうか。ハリストスの死を軽視してその弱さを私たちは裁いているのだろうか。あるいは、私たちに課せられていることを行わないからハリストスの死だけでは不充分だと考えているのだろうか。そのようなことはない。

祭品が成聖されるように祈る人々を裁くべきではない。その祈りは自分自身への信頼を意味するのではなく、すべてを神に祈り求め、それを与えると約束された神を信頼しているからだ。当然のことながら、人の祈りは自身への信頼とは反対のことを求めている。つまり、祈る人々は自分自身を信頼できないから祈るのであり、求めることのすべては神からのみ得られると信じているからだ。祈る人はまさにこれを叫んでいるのであって自己を捨てて神を頼りにしている。そして個人的な弱さを認め、自分には何の力もないのですべてを神に委ねる。そのような人は「これは私のことではない、また私の力によるのでもない、主よ、私は爾を必要とし、すべて爾を信頼する」と言う。

このように形而上のこと、あらゆる理解を超える機密に関してはそれ以上の効果がある。単純なことでも祈る人は神を自覚する必要がある。しかしながら機密に関しては、もし神がこれを命じなかったなら、人は考えもつかなかっただろうし、『主』がこれを始めなかったなら、人は求めもしなかったであろう。また、もし決して嘘を言わない『主』に求めても得られる希望がないなら、それらを待ち望むことさえもできない。従って、もし『主』が私たちが求めることを確かに望んでいて、求める人に与える用意があると示さなかったなら、誰一人として願うことさえしなかったであろう。このように『主』が授与者として与えることを望み、あらゆる方法をもってそれを示したのだから祈りの目的と益には疑いも不確実なこともない。

以上のような理由から、司祭の祈りにおいては人間の力を考えるのではなく機密の成聖を信頼し、そこにある神の能力を私たちは信じている。私たちが祭品の成聖を確信しているのは、願い求める人間によるのではなく、祈りを聞いている神によるのである。そして司祭が求めたからではなく『神・真実』が与えると約束したからなのである。ハリストスが常にこのような恵みを私たちに与えようと願っている事実を証明する必要はない。この目的のために『主』は世に来られ、犠牲となり、死なれたのである。この目的のために犠牲の場所、司祭、潔めのすべて、誡め、教え、忠告などがある。このために「主はその弟子たちと共に過越の食事をしたいと、切に願っていた」（ルカ22の15）のである。そのとき弟子たちに真のパスハ、聖体礼儀を与える予定にしていたからで「これをわたしの記憶として行いなさい」（ルカ22の19）と命じたのは、常にこの奉神礼が行われることを望んだからである。

このように、神が人々の求めを可能とし、それを行いたいと望むなら、必要とする求めを獲得できない不安は人々に存在するだろうか。司祭の祈りで祭品の成聖を信じる人には『救主』の誡めを軽視することも、自分自身を信頼することもない。また無意味に私たちを裁くラテン人のように機密を人間の祈り、疑いある祈りに帰属させていない。

そしてもう一つの証明は、ディオニシイが領聖［聖体血を受けること］とオモタゲス［同じ価値、地位のもの］であると述べている聖膏［ミーロ］である（ディオニシイ・アレオパギト、「教会の階級について」Migne, P.G.3, 472-4／476-3)。聖膏［聖なる油］が良き結果をもたらし、成聖をもたらすことに関しては、敬虔な信者には何の疑いもない。これも祈りの聖務によって成聖される。同様に司祭や主教の叙聖も祈りによって行われる。叙聖執行者は叙聖を受ける人の頭に手を置いて「聖神の恩寵がこの者の上に降らんがために祈らん」と唱える。ラテン教会［ローマ・カトリック教会］でも主教の叙聖では叙聖を受ける人の頭に聖膏を注いだあと、その人の上に豊かな聖神の恩寵が降るように叙聖執行者は祈る。また、悔い改める人にも司祭の祈りで罪の赦しが与えられる。

聖傅機密［ローマ教会では終油］も同じ方法で目的が達成される。使徒伝承が述べているように、この機密を受ける人には肉体の病に癒しと罪の赦しが与えられる。「あなたがたの中で病気の人は、教会の長老を招いて、主の名によってオリーブ油を塗り、祈ってもらいなさい。信仰に基づく祈りは、病人を救い、主がその人を起き上がらせてくださいます。その人が罪を犯したのであれば、主が赦してくださいます」（イア5の14―15)。

機密での祈りを認めない人々は、これに対して何と答えるのだろうか。もし彼らの言うように祈りの結果に疑いがあるのなら、司祭だと名乗る人も疑わしい。また聖膏も聖にされたかどうか、疑わしくなる。真の司祭も祭壇も実際に存在しないのなら、真の「聖体機密」の存在も疑わしくなる。従って、ラテン人でも司祭でなく一般の人が『主』の言葉を唱えても効果があるとか、祭壇なしでも効果があるとは主張できない。それは祈りによって聖にされた聖膏で、アルトスが置かれる祭壇も成聖されるからだ。

もし司祭の賜物や祈りに疑いをもつなら、誰が確信をもって罪の赦しを私たちに与えるのだろうか。そして、もし［彼らの］新たな改革に従うなら、すべてのハリストス教をなくす以外に方法はなくなる。それを支持する人は私たちが基盤としている聖師父伝承のすべてを無にし、聖師父伝承とは異なる危険なものを見つけ出そうとしているのであり、彼らの善行は疑わしい。

『聖神』を願う人へ神は降り、求める人にそれを与える。従って、信仰をもって願い求める人にはすべてが可能である。神自らがこれを述べていて、これが真実であることに疑いはない。それとは反対に、ただ単に語る人には何も起こらない。聖書の中にもそのような例はない。使徒たちとその後継者から受け継いだ祈りによる機密執行を聖師父たちが伝えた。すでに述べたように、すべての機密、特に聖感謝機密は他の多くの人々、そして教会の偉大な教師である聖大ワシリイと金口イオアンによって伝えられた。神に忠実な人は、以上のことに反する人々に話し掛ける必要もない。物語のように語られる『主』の機密の言葉は、尊い祭品を聖にするということで充分である。それを明言したのは使徒たちでも、聖師父たちでもない。創造の言葉のように『主』が語ったすべては永遠に効力をもっている、と聖金口イオアンが述べている。だが、いまは司祭によって唱えられていても、それが司祭の能力によるのだとは誰も教えていない。人間によって創造の言葉が語られても効果なく、効果があるのは、かつて『主』が言われたからである。

30　ラテン教会における祭品の成聖儀式と私たちの所で行われる方法について

ラテン教会が完全に口を閉ざしているのは、『主』の言葉のあとで祭品のための祈りを拒否していない点である。ラテン人が見逃している点とは、『主』の言葉のあとすぐに祈らないこと、そして明確な祭品の成聖と変化を求めず、同じ効果と結果をもたらす別の表現を用いている。その祈りとは「主よ、この祭品が天使たちの手によって爾が天上の祭壇に挙げられるを命じ給え」である。「祭品が天上に挙げられる」とは何を意味するのか、彼らの説明を聞く。地から天への場所的移動を求めているのか、あるいはその慎ましい形から至高な状態への変化によって価値を増すためだろうか。もし前者を意味するなら、私たちの信仰と祈りはハリストスが「世の終わりまで我等とともにいる」（マト28の20）との確信を与えているからで、聖なるものが高く挙げられ、遠く離れることに、何の益があるのだろうか。もしこれがハリストスの「尊体」であると考えるなら、なぜハリストスは『主』のみが知る方法で同時に私たちの中におり、天上におり、「父の右に座して」いると信じないのだろうか。そして、まだ天上のハリストスの体となっていないものを、どうして天上のものと確信できるのであろうか。また「すべての支配、権威、勢力、主権の上に置き、今の世ばかりではなく、来るべき世にも唱えられるあらゆる名の上に置かれました」（エフェ1の21、コロ1の18、エウ7の3、黙1の8、22の13）と言われるハリストスの体を、どのように天使の手で高く挙げるのだろうか。もしそれ以上の変化を再び祈るのなら、彼らがその不虔の甚だしさから逃れる術を私は知らない。なぜなら彼らはすでにハリストスの体だと知っていながら、それ以上の良きもの、聖なるものになると信じていることになるからだ。

以上のことから、ラテン人はアルトスとぶどう酒がまだ成聖されていないと知っているのは明らかだ。しかし、彼らは更にこの祭品のための祈りを求めている。祭品のために彼らが祈るのは、それらがまだ地上にあり、犠牲ではないかのようであり、高きに挙げられ、そこで犠牲になるよう祈っているかのようだ。そして天使の手を必要としているなら、聖ディオニシイ（P.G.3, 501-504）の表現を用いると、第一位階の天使が第二位階の人間のところへ佑けに来るという意味になる。この祈りは祭品を『主』の体血に変化すること以外に何も祭品については述べていない。天上のどこかにある祭壇が神に犠牲を献げる所だと考えるべきではない。もしそうであるなら、エルサレムかサマリアでしか神に祈れないと主張する人々（イオ4の20―21）と何の違いもなくなる。しかし聖使徒パヴェルによると「神は唯一であり、神と人との間の仲介者も、人であるハリストス・イイススただお一人」（1ティ2の5）なのだ。従って、仲介［中保］によって行われる成聖は『救主』によって行われる。では仲介をまとめ、成聖されるようにするのは何であろうか。それは司祭、犠牲、そして祭壇である。「供え物を清くする祭壇」（マト23の19）と言う『主』の言葉によると、祭壇が犠牲を聖にするのである。聖にする『方』はハリストス一人なのだから『主』が唯一の司祭であり、犠牲であり、また祭壇である。ハリストスが「彼らのために、わたしは自分自身をささげます」（イオ17の19）と言っているので『主』が司祭であり、犠牲である。祭壇が『主』であることについては聖ディオニシイが聖膏に関して述べている次の言葉の中でも証明されている。「もし聖なる祭壇がイイスス［彼は天の使いたちの献身の対象］であるなら、また創造主の言葉に従って私たち自身も『主』に献身し、私たちのすべてを犠牲として神秘的に捧げ、この聖なる祭壇を霊的な目で見よう」（ディオニシイ・アレオパギト、Migne, P.G.3, 484-485）。

司祭はこの聖なる祭壇に献物がもたされるように願う。つまり献物がそこにあり、祈りのあとも同じであり、地上から天上には何も移動しないが、天上にある『主の体』と同じものに変化することを私たちは願うのである。祭壇はその上に置かれた献物を聖にするので、同じように司祭も献物を祭壇の上に置いて聖にされるように祈る。

祭壇がもたらす成聖とは、どのような成聖であろうか。それは祭壇の上に置かれた献物［祭品］の成聖である。『聖なる司祭』［主］がご自身を神にささげ、犠牲にした成聖である（イオ17の19見よ）。［ハリストス］ご自身が司祭であり、祭壇であり、犠牲であるから、それは『司祭』によって献物［祭品］が聖にされ、聖なる犠牲に変化し、天上の祭壇に移されるのと同じことである。従って、この三つのうちの一つを願い求める人は、すべてを願い求めたことになり、求めたものを得て犠牲を行ったことになる。あなたがたの［ラテン人］司祭はハリストスを犠牲とみなしても、献物［祭品］が『主』となるように様々な言葉で同じことを祈る。しかし私たちの司祭は献物が『主の体血』に変化するように祈ったあとは、それがすでに「天上の祭壇に」受け入れられたので天上の祭壇を記憶するが、祭品がそこに移るようには祈らず「属神の馨香《けいこう》」の代わりに「至聖神の賜物と恩寵」が私たちに遣わされるように神に祈る。司祭は「聖にせられし祭品のために祈る」が、これは祭品が聖にされるためだろうか。そうではない。なぜなら祭品はすでに聖にされている。これは聖祭品が私たちを聖にするように祈るのであり、祭品を聖にした神が聖祭品で私たちを聖にするように祈るのである。『主』の言葉のあとで、聖祭品のための祈りを軽視することはラテン教会だけではない。彼らの他にも害をもたらしている改革者たちの一部にも同じことが見られる。彼らは「何か新しいことを話したり聞いたり」（使17の21）する以外に何もできない人々である。

31　司祭は祭品の成聖に『神・子』ではなく、『神・父』を呼ぶのはなぜか

なぜ司祭は『自身が成聖者』であり『司祭』である『神・子』をではなく、『父』を呼び求めるのか。それは救主が人間としてではなく、神として成聖の力をもっていると知るためである。つまり救主も『神・父』と同じ神聖な力を有しているからである。同時に『主』がこの機密を定めたとき、目を天に向け、アルトスを『神・父』に捧げたことを示すためである。同じ理由から幾つかの奇蹟にもイイススの神に祈る同じ姿がある。これは地上に母をもつ人間の本性に基づいた業ではなく、『神・父』に基づいた神聖なる業であることを示す。そして十字架にかけられるとき『主』の人性と神性を示すため神の意志は神に委託し、人間の意志を自己のものとして「わたしの願いどおりではなく、御心のままに」（マト26の39）と語った。また「わたしの願いではなく、御心のままに行ってください」（ルカ22の42）とも言った。『主』が『父』と同じ意志をもっているのは以上の言葉から分かる。これらは『父』の意志と『主』の意志を分離しているように感じられるが、それは現象であって実は分離していない。「わ

たしの願いではなく、御心のままに行ってください」と言ったのは、『父と子』の同一の意志を表している。これは十字架と死を避けるように進言したペトルを非難したときも見られる（マト16の22―23）。そして「苦しみを受ける前に、あなたがたと共にこの過越の食事をしたいと、わたしは切に願っていた」（ルカ22の15）と言ったことでも明らかだ。過越の苦しみの前に願ったと言うのは、あたかも『わたし』の苦しみの始めを見たいと切に願ったかのようである。

32　犠牲そのものについて、そして犠牲は何の上に行われるのか

問題は犠牲の方法とか流血の場面についてではなく、まことの屠りと犠牲についてである。犠牲にされるのはアルトスなのか、『主の体』なのか、またいつ祭品は犠牲として捧げられるのかだ。そしてそれは成聖される前なのか、成聖の後なのかも問題になる。もしアルトスが犠牲として捧げられるのなら、屠られたアルトスを目にするのが機密（奥義）ではなく、その屠りで世の罪を背負った「神の小羊」（イオ1の29）こそが機密（奥義）である。アルトスを「主の聖なる体」の犠牲と考えるなら、それは誤りである。なぜなら「主の体」は不朽であり、不死であるからだ（ロマ6の9を見よ）。もしそれ「体の犠牲」を行うとするなら、執行者は体の犠牲に必要なもののすべてを必要としたであろう。なぜならこれは屠りの型ではなくまことの屠りであるからだ。

では、ハリストスは一度死して、復活し「もはや死ぬことはない」（ロマ6の9）、また「今、ただ一

度だけ、この世の終わりに……ささげ」（エウ９の26）とも、「一度だけ、多くの人々の罪を負うために、ご自分をささげられた」（エウ９の28）とも言われているのに、どのようにしてこの犠牲が行われるのだろうか。つまり、もし毎回の聖体礼儀でハリストスが犠牲にささげられているなら、毎回死んでいることになってしまう。

犠牲となるのはアルトスが成聖される前でもあとでもない。それは成聖の瞬間である。祭品の成聖に関する機密についてはこの信仰を守るべきだ。

では、私たちは何を信じたらよいのか。この犠牲を犠牲の像とか型だと考えてはならない。それはまことの犠牲で、犠牲にされるアルトスはアルトスではなく『ハリストスの体』そのものである。そのうえ『神の羔』の犠牲は唯一であり、ただ一度だけ行われた。

ここで、この聖務が形式ではなく、まことの犠牲であるかどうかを考察する。羔の犠牲とは生きている羊が屠られた羊に変化することだ。これと同じことがここでも行われ、普通のアルトスが犠牲のアルトスに、つまり普通のアルトスが現実に屠られた『主の体』に変化される。犠牲となるべき羊がある状態から別の状態に変化して犠牲が実現するように、アルトスが「主の体」に変化することで犠牲は実現する。形式に従った変化ではなく屠りの現実と犠牲にされる「主の体」への変化である。アルトスが犠牲にされてもアルトスとして残るなら、アルトスが犠牲となったのであって、それはアルトスの犠牲にすぎない。犠牲にならないアルトスが犠牲にされアルトスがハリストスの体となる。このように二つの変化が生じるので、屠りはアルトスの上に生じるのではなく、ハリストスの体となったアルトスの上に生じるのである。周知の通り、犠牲とはアルトスの犠牲でなく、「神の羔」の犠牲である。このような条件の下で「主の体」を何度も献げる必要はなくなる。この犠牲では「羔」が屠ふられるのではなく、アルトスが屠ふられた「羔」に変化して行われるので、変化が屠りではないのは明らかである。従って、変化したもの［ハリストスの体になったアルトス］は何度でも実現される。「体」も屠りも唯一であるように、アルトスの変化も唯一で同一であると言う事実を否定するものは何もない。

33　犠牲のあとの祝文について。司祭が殊に至聖なる生神女と諸聖人を記憶する理由は何か

犠牲が行われたあと、司祭は目の前に仁愛の証明である神聖な『神の羔』を見つつ、それを『仲介者』と認め、『慰むる者』［聖神＝聖霊］を得て神に求めを行う。司祭は確固たる善き望みをもって祈りを行う。奉献礼儀で祈った人々、祭品を捧げた人々のため、そしてこれらが受け入れられるように願った人々のために祈る。神がこれらを受け入れた今は、それらが実現するよう司祭は祈る。それは生者と永眠者への共通の祈りである。彼らが神に捧げた祭品の代わりに神の恩寵が遣わされるように求める祈りである。特に永眠者には、善行の終わりにたどり着いた諸聖人たちと共に神の国を継ぎ、霊の安息が与えられるように祈る。生者には聖なる晩餐［聖機密］の領聖［交わり］にふさわしい人となり、成聖され、「審案あるいは定罪」の領聖とならないように祈る。また司祭は神に罪の赦し、安和、五穀豊饒、入用の付与、そして最後に最も重要な天国で神の前に立つにふさわしい人となるように求める。

犠牲の奉献は祈願の犠牲だけではなく感謝の犠牲でもある。従って、聖体礼儀のはじめに司祭が奉献物を祭品として神に捧げるとき、祭品が犠牲となるように祈願と感謝を捧げた。また完全になった今も、それらを通して感謝し祈願する。同時に感謝の根拠を挙げて祈願の対象を明らかにする。

では、感謝の動機は何なのだろうか。それはすでに述べたように諸聖人が感謝の動機である。教会は希求しているものを聖人たちの中に見い出している。それは祈りをもって求めた「天国」（10章を見よ）が聖人たちにおいて実現したからである。祈願するのは、まだ完全に到達していない人々、祈りを必要とする人々であり、司祭は聖人たちについて「又此の霊智なる奉事を、信を以て寝りし元祖、列祖、太祖、預言者、使徒、伝道者、福音者、致命者、表信者、節制者、及び凡そ信を以て終りし義なる霊のために、殊に至聖至潔にして至りて讃美たる我等の光栄の女宰、生神女、永貞童女マリヤの為」と祈る。そして、そのあとに他の聖人も列挙する。

教会にとって聖人たちは神への感謝の動機である。彼らのために「此の霊智なる奉事」を神への感謝として捧げる。そして誰よりもまず幸いなる「神の母」のために捧げる。「彼女」はすべての聖性を越えているからである。聖人たちのために司祭は何も求めない。彼らの佑《たす》けの祈りを必要としているのは司祭であるからだ。すでに述べたように、彼らのために奉献するのは祈願としてではなく、感謝として行うのである。そのあとにも祈願を行うが、誰のために祈願するのか名前を挙げて明らかにする。そしてすべての人の救い、それぞれに必要なものすべてを祈願して「又此の霊智なる奉事を、全世界の為、聖、公、使徒の教会の為、潔浄にして尊く生を度る者の為、ハリストスを愛する国王の為」と祈る。

至福なるイオアン［金口］は司祭が行う祈願と感謝という二つの観点から犠牲を示して、感謝する人

金口イオアンと聖大ワシリイによる聖体礼儀

と祈願する人を区別している。これに対し聖大ワシリイは祈願と感謝を同一にし、すべての聖務と祝文には二つの目的があるとしている。ワシリイはイオアンの聖務で記憶する聖人をも記憶しているが、同じ方法ではない。機密を「審案或いは定罪」のために領聖するのではない、と全員で祈ったあとにワシリイは「古世より爾の喜びを為しし諸聖人、元祖、……慈憐と恩寵とを獲せしめ給え」を付け加えている。そのあとに「殊に至聖至潔にして至りて……」がある。この言葉の中には祈願があり、感謝が表明されている。神を人類の善行者とし、完全と成聖を神から受けた人たちを記憶している。あたかも次のように語っているようだ。以前に聖人たちに与えた恩寵を私たちに与え給え、以前に多くの人々を成聖したように私たちを成聖し給え、と。

34　司祭が自分のために求めることと信者に祈りを促すことについて

決められた祈りを終えると、今度は尊い祭品によって自分自身も成聖されるように司祭は祈る。その成聖とは罪の赦しを得ることだ。これこそ祭品のおもな成果であるのは、『主』がアルトスを指しながら使徒たちに語った次の言葉に述べられている。「是れ我が体、爾等《なんじ》の為に擘《さ》かるる者、罪の赦しを得るを致す」（マト26の28）。爵（杯）についても同じことが述べられている。続いて、「主や、爾が慈憐の多きに因りて、我不当の者をも記憶し、我に凡そ自由と自由によらざる罪過を赦し給え、我が諸罪に因りて、爾が聖神の恩寵の、奠《そな》えたる祭品《さいひん》に臨むを遏《とど》むる勿《なか》れ」と祈る。祭品を領聖する人に『聖神』が罪の赦しを与えると同時に、自分の罪によってこの恩寵が害されないように司祭は願う。恩寵は二つの方法で尊い祭品に働きかける。第一は祭品を聖にし、第二は私たちを聖にする。いかなる人間の悪も第一の方法を妨害できない。成聖が人間の善によって行われる業でないように、人間の悪がそれを妨害することは不可能である。しかし恩寵の働きかけの第二の方法には私たち自身の配慮が必要となる。それは無視や無関心に妨害されやすい。成聖を受けるにふさわしい意志を備えているとき、聖品の恩寵は私たちを聖にする。しかし、もし霊が準備されていないなら、何の益もなく大きな損害を被るだけになる。罪の赦しのためにも、あるいは罪の赦しと共にこの機密を清い良心で領聖する人に与えられる成聖のためにも、祭品に恩寵が降るのを妨害されないように司祭は願う。それは恩寵が人間の悪意によって妨害されることがあるからだ。

少しあとで、教会の全員が一緒にこの祈願を行う。全員が「口を一にし、心を一にして讃栄する」ため、協調する意志をもつように、「大なる神、我が救主イイスス・ハリストスの憐み」を祈る。続いて、いま一度全聖人たちの佑けを求めて神に願うよう信者に促す。「諸聖人を記憶して」とはこれを意味する。

次に司祭［輔祭］は「已に献ぜられ及び聖にせられし尊き祭品の為に主に祈らん」と唱える。これは尊い祭品が成聖を受けるためではなく［このように考えないように「已に聖にせられし」と言われている］、祭品が私たちに成聖を伝えるように祈るのだ。「人を愛する我が神が……祭壇に置き……神妙の恩寵……降すが為に……」も同じである。全能なる『主の体』でさえ幾つかの町では「人々が不信仰だったので」（マト13の58、マル6の5―6）奇蹟を起こさなかった。司祭はそうならないように、私たちが「恩寵」の働きかけを切願するように促す。司祭がこれを高声で唱えたあと、「爾が天上の畏る可き機密、此の聖せられたる属神の筵に興るを賜いて、此が罪の赦、過の宥、聖神の体合、天国の嗣業、爾に於ける勇敢となりて、審案或いは定罪とならざるを致させ給え」と黙祷する。

全員に神の佑けと護りを祈ったあと、私たちが悪しき天使［悪鬼］に関心をもつのは危険なので、「平安の神使、正しき」守護者と共に「此の日を純全、成聖、平安、無罪」に過ごすように祈る。私たちは守護神使（天使）を求めるが、与えられるために求めるのではない。それは最初から全員に与えられている。このように言うのは神使（天使）が罪に怒って私たちから離れてしまわず、確かな正しい道に私たちを導き、そして私たちを護るよう求めるためだ。

この他に司祭［輔祭］は「罪の赦し」と「霊に善にして益あること、世界の平安」を願い求める。そして、私たちの生命の終わりがハリスティアニンにふさわしいものとなるように、「生命の余日を平安と痛悔」をもって過ごせるように、今後の安全を求める。また「信の同一と、聖神の体合」を求めてから、私たち自身とお互いの全生命を神に委ねるのである。

「信の同一と聖神の体合」とは何を意味するのか、また何のためにこれを祈願するのかについては前述した（第14章）。

35 「天主経」について、首《こうべ》を屈めること、そのあとの神への感謝、祈願、讃美について

上記のように、司祭が信者の神への信仰を支えて善を高め、完全な人になったなら〔これで準備は終えたことになる〕、またふさわしい神の子供になったなら、司祭と信者は共に「勇を以て」神を『父』と呼んで祈りができるように願う。そして、信者が司祭と共に祈ったあと、司祭は高声で神を讃美して〔「蓋、国と権能と光栄は……」と〕終える。そのあと司祭は「衆人に〔全員に〕平安」を祈る。こうして「天主経」で私たちの良き出生を思い出しつつ神を『父』と呼ぶのである。そのとき司祭は信者が神を『至高なる主』、『主宰』と認めて呼ぶように勧める。そして僕としての心情を表して神に首《こうべ》を屈め、神の僕であることを告白する。神に首を屈めるのは『主』・『主宰』・『神』だから自然に行うだけではなく、神の『独生の子』の尊い血によって贖われた僕として当然のことである。このように神は私たちを二度

も僕にしたが、同時に神の子供にした。ハリストスの血は私たちの僕としての立場を強め、子供の地位を与えた。全員が首を屈めるとき、司祭自らが神の創造に感謝し、また「各人の必要に応じて」と言い、全員の益を祈る。また、救主の「あなたがたがわたしの名によって何かを父に願うならば、父はお与えになる」（イオ16の23）との言葉に基づいて各人の求めが受け入れられるように、『独生の子』の恩寵と仁愛を記憶する。そのあと、信者と共に『至聖三者』を讃美する。それから司祭は元の位置に戻り、ハリストス自らが「聖なるキノニア（親しみ）」を司祭と信者全員に分け与えるよう『ハリストス』・『犠牲』・『司祭長』に祈願する。

36　聖なるものを高く挙げるとき司祭は高声で何を告げ、それに信者は強い声で何と応えるか

司祭は聖なる宝座に近づいて領聖する。そして、領聖する信者を呼ぶ。聖にされたアルトスを手に取り、高く挙げて信者に示し「聖なるものは聖なる人に」と、領聖にふさわしい人を呼ぶが、これは「これが生命のアルトスである。全員ではなく、聖なる人が来て領聖しなさい」という意味だ。聖なるものは聖なる人々にだけ許されるのであり、全員に許されるのではない。ここで言う聖なる人とは、完全な善行に努めようと闘っているが、まだそこに達していない人を意味する。完全のために闘う人は機密を受けることができ成聖される。この観点からは「教会全体」が聖であるように、彼らも聖なる人であ

る。聖使徒はハリスティアニン（クリスチャン）の集まりに次のように書き送っている「天の召しにあずかっている聖なる兄弟たち」（エウ3の1）と。聖なる体血を領聖するために聖なる人が呼ばれる。ハリストスと同調し結合して諸機密から成聖と生命を受け、『首』と『心』にもたらされる聖性を生きる私たちは「一つの体」の肢体であり、ハリストスの肉の肉、骨の骨なのである。この『至聖なる体』から分離しているなら、私たちは聖なる機密を無意味に受けていることになる。なぜなら分離して死んでいる肢体に生命は届かないからである。

では、体から肢体を切り離すものは何であろうか。「お前たちの罪が神とお前たちの間を隔てる」（イサ59の2）と述べられているが、すべての罪が人間を死なせるのだろうか。そうではない。「神との間を隔てるのは」死に向かわせる死罪だけである。福音者イオアン（ヨハネ）は「死に至る罪があります」（1イオ5の16―17）と述べている。従って洗礼を受けた人が、もし死罪を犯してハリストスから離れても死に至っていないなら、領聖と成聖を受ける妨げにはならない。なぜなら『首』と結合して生きている肢体であるからだ。司祭の「聖なるものは聖なる人に」という高声に対して信者は「聖なるはただ独り、主なるはただ独り、神・父の光栄を顕わすのイイスス・ハリストスなり、アミン」と強く応答する。誰もが聖性をもっているのでもなく、人の善行が聖性をもたらすのでもなく、聖性はハリストスから、ハリストスを通して受けるからである。もし太陽の下に多くの鏡を置くとたくさんの太陽があるように見えるが、輝いている太陽は一つである。このように唯一の聖なる方イイスス・ハリストスが信者の内に満ち、人々を聖にして多くの人々の中に見られるが、「まことの聖なる方」はただ一人である。それが『神・父の光栄』である。誰一人として神にしかるべき光栄を見いださなかったので、神はイウデア人たちを非難して「わたしが神であるなら、わたしに対する光栄はどこにあるのか」（マラ1の6）と語った。ハリストスが苦難に直面したとき『父』に向かって「地上であなたの光栄を現しました」（イオ17の4）と言ったように、然るべき光栄を神に返したのは『独生の子』だけである。どのように『父』を讃栄したかといえば、人々に『父』の聖性を明らかにし、『父』が聖であるように主もご自身を聖として顕した。もし神を聖なる主イイススの『父』として見るなら、『子』の輝きは『父』の光栄である。その一方、もし『救主』の人性における『子』を神とするなら、『子』の価値と善が『創造主』の光栄なのである。

37 機密に注がれる「温水」は何を意味するのか

司祭が「聖なる晩餐」に信者を招いて最初に司祭自身が領聖し、そのあと他の聖職者や祭壇の周りにいる人たち［堂役・執事など］に領聖させる。その前に聖爵に温水を注ぐが、これは「教会」に『聖神』が降ることを意味する。それは救主の贖いの業が完了したとき『聖神』が降ったからである。そして、今は犠牲が捧げられ、祭品が聖にされたあと領聖にふさわしい人の上に『聖神』が降るのである。

贖罪の業のすべては映像を見るかのように聖体礼儀の中で再現された。アルトスに幼子としてのハリストスを見、処刑のために引かれ、十字架の刑に処され、脇腹を刺されるハリストスを象徴として行われる動作の中に見る。そのあと、「アルトス」は多くの苦難を忍び、復活、昇天し、そして『父』の右に座する『聖体』に変化する。これまでに行われた機密の聖務を完結させるために、救主の贖いの結果を奉事の最後に加えて、それを知らせる必要がある。ハリストスの苦難、言葉、そして業績と成果は何であろうか。人類に対して、つまり私たちにどのような意味を持つのかと言うなら、それは教会への「聖神の降臨」以外の何ものでもない。従って、ハリストスの業が再現されたあとに『聖神の降臨』も再現されるべきで、温水を機密の中に注ぐことはこれを意味する。それは水であると同時に火の性質をもっているので、「水と火」と言われる『聖神』を意味し、ハリストスの弟子たちの上に降った火の形の『聖神』なのである。聖体礼儀で「温水」が機密の中に注がれるとき、それは「聖神降臨祭」を意味する。ハリストスの業すべてが完結したとき『聖神の降臨』があったように、今もすべてが終わって聖にされたあとに温水が注がれる。

　ハリストスが昇天したあとの諸機密は「あなたがたはハリストスの体であり、また、一人一人はその部分です」（1コリ12の27）という教会、『聖神』を受けた教会を意味する。そして、いま「天上の祭壇」に祭品が受け入れられたあと、教会は『聖神』の賜物を受ける。祭品を快く受け入れた神は私たちに『聖神』を遣わす。それはすでに述べたように、『仲介者』はかつても今も同じであり、『聖神』も今もかつても同じであるからだ。

38　なぜ諸機密が「教会」を意味するかについて

諸機密が「教会」を意味するのは象徴としてではなく、心臓と肢体、植物の根と枝、また『主』が述べたようにぶどうの樹とその枝（イオ15の5）の関係である。ここでは共通の名前とか形の類似ではなく同一を意味する。教会にとって機密とは真の「食べ物」・「飲物」としてのハリストスの「体血」である。これを領聖するときは普通の食物のように人の体が「聖なるキノニア」を受け入れるのではなく、最上のものが勝って人の体がキノニア（キリストの体血）に変えられるのだ。同じことは鉄鋼と火が出会った時に起こる。つまり火が鉄鋼になるのではなく、鉄鋼が火になるのである。鉄鋼が火に入って火となるとき、鉄鋼の特質はすでに火によって消えて鉄鋼には見えない。教会についても次のように言える。もしハリストスの体に与ってハリストスと教会との結合を見るなら、「ハリストスの体」以外には何も見えないであろう。このような理由からパヴェルは「あなたがたはハリストスの体であり、また、一人一人はその部分です」（1コリ12の27）と書いている。パヴェルがハリストスを『首』、信者を肢体と言うのは、私たちが親類や友人を仲間だと言うのと同じように、ハリストスが私たちに向ける配慮を言うのではなく、また私たちに教育者とか忠告者としてのハリストスを示しているのでもない。それは信者がすでにハリストスの血における恵みを生き、ハリストスに在る生命を生きるのであり、すでに『首』に従属し、ハリストスの体を衣ていることを意味している。このような理由から諸機密が「教会」を意味し、「教会」を示していると言うのは正しい。

宝座上の祭品

39　信者を領聖に招くことと聖品が出されるとき信者は何を言うかについて

司祭は聖機密の領聖を終えると、それらを信者たちに示して領聖する人を招き、ハリストスの謙遜な現れを軽視することも、あらゆる知性を越えるこの対象を疑うことも、遠慮することもなく近づくように「神を畏るる心と信とをもって」〔ギリシア語聖体礼儀には「神を畏るる心と信と愛」となっている〕と告げる。聖なるキノニアは領聖者を永遠の生命に導くものと認め、その信仰をもって近づくようにと言う意味である。信者は信仰と敬虔とをもって、アルトスとぶどう酒のかたちにあらわれたイイススの神性を告白し、伏拝、讃美する。そして預言者ダヴィドの「主の名に依りて来る者は崇め讃めらる。……主は神なり、我等を照せり」（聖詠117の26―27／118の26―27）を引用して讃美する。「わたしは父の名によって来たのに、あなたたちはわたしを受け入れない。もしほかの人が自分の名によって来れば、あなたたちは受け入れる」（イオ5の43）と『主』は言う。『父』を讃美することと、それが『主』、『独生子』の正しい特徴である。これとは反対に、神に対する無礼と反抗は立ち去る僕の特徴である。狼と善き牧者の違いを知り、それを理解している預言者が『父』を『主』とみなし、主の名に依って遠くから来る『方』を讃美し、『現れた方』を神であると告白する。同じように、信者もいま現れ来たるハリストスをこの言葉で讃美する。

40　領聖のあとに司祭が信者のために唱える祝文について

領聖を終えたなら、司祭は信者に神の救いと祝福を願う。祝文の「爾の民を救い、爾の業に福を降し」（聖詠27の9／28の9）は預言書の言葉である。『父』から『子』に語られた「我諸民を興えて爾の業となし、地の極を興えて爾の領となさん」（聖詠2の8）も預言者の言葉である。つまり、はじめから神として持っていたものを、後に人間として『子』は承け継いだのである。創造主としての「爾の業に」ではなく、「爾の嗣業［相続］に福をくだせ」と司祭が言うのは、『子・自身』が私たちの『創造主』であるからだ。『主』が私たちのために貧しくなられたことを思い起こして、一層の憐みを乞うためである。爾［ハリストス］はすべてを有していて何の入用もないのに、人々のために誡めを受け入れ、僕になることを承諾し、相続人と呼ばれて受け継ぐ者［僕］となった、と司祭は祝文で言う。ハリストスがこのようにして人々を獲得したことを思い起こすことは『神』を一層憐み深い方にする。実際に、相続は創造以上に密接な関係を作り出す。『主』が相続によって私たちを獲得したのは善であり、創造によって獲得したのとは異なる。動物も植物も『創造主』の造物であるから創造は共通である。創造とは人間本性の上に権力を発揮するだけであるが、相続によって人間の思考と意志の上に権力をもつ『真の主』となったのである。

ところで『主』はどのような相続で私たちの思考と意志の『主』となったのだろうか。それは私たちが地に降り、十字架にかかり、復活した『方』に思考と意志を従わせたからである。思考を従わせたのは『主』が『真の神』、創造の全権者であると知ったからである。意志を従わせたのは『主』を愛したからで、私たちは喜んで支配と重荷を両肩に背負ったのである。このようにして、神は人間の上に完全な支配を獲得した。このような獲得を昔から預言者イサイヤは望んで「我等の神よ、我等を治めよ」〔イサ26の13〔訳者〕〕と述べていた。これが聖書に語られている相続であり、『子』が『父』から得たものである。司祭が祝文で唱えるのはそのことにほかならない。

41　そのあとに続く神への感謝と讃美について

ここで聖体礼儀は終わり、聖なる感謝礼儀も終わりとなる。祭品は成聖され、祭品によって司祭と信者も聖にされ、それを通して教会のすべても聖にされ、完全にされる。従って、司祭と信者たちは神への感謝と讃美で終える。司祭はこう唱える「我等の神は常に崇め讃めらる、今も何時も世々に。アミン」。信者は預言の歌「願わくは我が口は讃美に満てられて、我爾の光栄を歌い」（聖詠70の8／71の8）を歌う。これには次の意味がある。「主よ、与えて下さった諸善に対して讃美の歌を爾に捧げるにふさわしからずとも、主よ、何かの方法を私たちに与え給え。何をどのように求めるのかを教え、祈る人の口を祈りで満たすのは爾である。爾を讃美する私たちの口に力を与え給え」。

そのあと恩寵を裏切らず、受けた成聖と賜物を失わないように「祈る我等を潔きに守り」と唱えて、神の佑けを求める［この「潔き」は「成聖」の邦訳である］。私たちは当然行うべきことを実践するのだが、それは「日々に爾の道を習う」ことである［この「日々」とはギリシア語の「一日中・全日」の邦訳になっている。また「道」は「義」の邦訳である］。この「道」＝［義］とは機密で明らかにされる神の仁愛と睿《えい》智《ち》を意味する。パヴェルはこれを「わたしは福音を恥としない。福音は……信じる者すべてに救いをもたらす……福音には、神の義が啓示されています」（ロマ1の16―17）と述べている。この道を習うこと［義を学ぶこと］が私たちの聖性を保つこととなる。それが神への信仰を強め、愛を膨らませ、いかなる悪をも霊に入れないのである。すでに正しく述べたように、機密に見合う意図なくしては成聖もなく、またそれが私たちに留まることもない。

42　聖宝座の祭品によって生者が成聖されるように、永眠者にも行われるのかについて

この神聖なる奉事は二つの方法で成聖される。その第一は仲介［中保］である。祭品の奉献行為だけでも捧げる人とそこに記憶される人を聖にし、神を憐み深い神にする。第二の方法は領聖である。『主』の言葉によると（イオ6の55）それはまことの食べ物であり、まことの飲物であるからだ。この二つの方法の第一は生者、永眠者に共通する。それは双方のために犠牲が行われるからである。永眠者は食べることも、飲むこともできないので第二の方法は生者だけに許される。では、永眠者は成聖されず、この成聖の益を全く受けず、生者より少ない益しか受けないのだろうか。そのようなことはない。『主』は永眠者にも成聖を与えるが、それは『主』だけが知る手段によってである。永眠者も生者と同じものを得ていることを証明するためには、成聖の根拠が何なのかを検討しなければならない。

どのように成聖は行われるのだろうか。それは宝座に近づき、手に聖品をとり、口に受け、アルトスを食べ、そして血を飲むことだろうか。そうではない。なぜなら機密を受ける人の多くは何の益も得ず、大きな悪を犯して宝座を去っているからだ。では、成聖される人にとって成聖の根拠は何なのか。そしてハリストスが私たちに求めているものは何なのか。それは霊の潔浄と無垢、神への愛、信仰、機密の希求、領聖への情熱と渇望そして準備である。これらによって成聖がもたされる。このような心構えで機密に近づく必要がある。これらなくして「聖なる交わり［聖体礼儀］」の成聖を受けることは不可能

である。これらは肉体的なことではなく、霊に関わることである。従って、生者と同じように永眠者の霊がその獲得を阻止するものは何もない。もし霊が機密を求め、準備しているなら、聖なる機密を成聖して捧げた『主』が常に連続して『ご自身』を与えようとし、成聖するのだから、キノニア〔交わり〕への参加を阻止するものは全く何もない。では、もし生者が以上のような心構えをもっているなら、機密に参加しなくても機密の成聖が得られるのか、と人は問うだろう。そうではない。永眠者は「荒れ野、山、岩穴、地の割れ目」（エウ11の38）にいる人たちが司祭のところに来て機密にあずかる手段がないように、肉体的に〔聖体機密に〕参加できない人々にもハリストスは見えない形での成聖を与えられた。どこからそれが分かるのかといえば、彼らには霊的な生活があったからである。もし機密に参与していないなら、霊的な生活はなかったはずである。ハリストス自身がこう語っている「人の子の肉を食べ、その血を飲まなければ、あなたたちの内に命はない」（イオ6の53）と。これを示すために神は多くの聖人たちに天使を遣わし、聖なる賜物を与えた。

領聖が可能なのに受けない人は、成聖を得ることはできない。それは領聖に来なかったからではなく、領聖が可能なのに来なかったからであり、それは「機密」に必要とされている心構えを人の霊が放棄したことを明らかにする。簡単に参加できるにもかかわらず、それを望まない人に聖なる食卓〔聖体機密〕への情熱と渇望があり得るだろうか。晩餐への招待を無視する人に対して『主』が語った誡めを恐れない人にどのような信仰があるだろうか（ルカ14の16―24）。領聖できるのに受けない人の愛を信じられるだろうか。肉体から別離していても罪悪のない霊にハリストスが食卓から与えても驚くことはない。驚くべき超自然なことは、荒廃の中に生きている人が「不朽なる体」で養われることである。もう一方の不死なる霊がその本性に適した方法で不朽の食物を受けることには何の驚きもない。それは『主』の言い難き仁慈と睿智によるからだ。朽ちる人間が不朽の食物を食べることが超自然的なことで不自然なのだから、もう一方はごく自然なことである。つまり機密〔祭品〕を永眠者に与えることは〔神にとっては〕合理的で簡単なことである。

43　成聖は最初に領聖者の霊に入ることについて

生者は聖なるキノニア〔聖体機密〕を身体で受ける。しかし聖体機密の本質は最初に霊に入り、そのあとに霊を通じて身体に達する。これを明示して「主に附く者は主と一神と為るなり（主に結び付く者は主と一つの霊〔神〕となるのです）」（1コリ6の17）と福たるパヴェルは語っている。つまり、この接触と結合は初め霊において行われるのである。それは霊にこそ人間の存在があるからであり、善行と努力によって得られる成聖はそこで生じる。罪を犯す中心は霊にあるので、聖なる領聖〔メタリプシス〕で癒される必要がある。すべては霊から出て身体に至る。心から出る邪悪で身体が汚されるように（マト15の11—20）、機密の成聖も善行の成聖も含め、成聖は霊から始まって身体に伝えられる。一部の人たちは霊の倫理的な腐敗が原因で肉体的な病気になる。『主』はこれを示すため病人の霊を癒すことで、つまり霊を罪から解くことを示して身体を病気から解放した（マト9の2—8、マル2の5—12、ルカ5の20—25）。霊が成聖を受けるために身体は必要なく、身体が霊を必要としている。身体と結び付いている霊には司祭を見ることと、司祭から祭品を受けること以外に永眠者の霊との違いは何もない。永眠者の霊にとっては「すべて」であり、成聖を分かち与える永遠の『司祭』がいる。『主』は領聖にふさわしい生者にも成聖を分かち与える。司祭から受ける人全員が正しく領聖をしていないが、ハリストス自らが与える人は正しい領聖をしている。司祭は受けようとする人全員に与えるが、ハリストスはふさわしい人にだけ与える。これで明白なように機密で生者と永眠者の霊を成聖するのは救主・ハリストスただ一人なのである。

以上述べたことで明らかなように、この聖なる礼儀は生者にも永眠者にも共通である。成聖の根拠が霊的な善であるため、それは双方に〔生者と永眠者〕あり、成聖を受ける前に求められる要素も、成聖にふさわしくするものも同じである。聖にする『司祭』も同じハリストスである。永眠者にはなくて生者にはある唯一の違いとは、〔領聖に〕ふさわしくない人でも口で聖品を受けるので成聖されたと思うことである。一方、来世では準備のできていない人は近づくことすらできず、ふさわしい人だけに許される。ふさわしくないままで機密に近づく生者には成聖が与えられないだけではなく、反対に最も悲惨な地獄をもたらすことになる。従って、機密に簡単に近づけるということは、生者にとっては何の優越にもならない。同じ理由で、永眠者の霊にも領聖が許されているだけでなく、それを妨げるものは何もなく、領聖が必要なことは明らかだ。もし来世で霊を喜ばせ、安息させる何かが他にあるとするなら、それは正しい霊の清さに対する報償となり得るもので「聖なる食卓・機密」の必要性をなくする。しかし、いま霊に喜びと至福を与えるものを、天国、アブラアムの懐、嘆きも悲しみもない所、茂き草場、平安の所、光る所、「天国」などと呼んでも、それはこのアルトスと爵〔ハリストスの体血〕以外の何ものでもない。これらすべての善をもたらす方は『仲介者イイスス・ハリストス』（エウ8の6、9の15、12の24）なのである。『主』が私たちのために前駆者、司祭長として至聖所の幕の中に入った（エウ6の20）のであり、霊［ここでは人々の意］を『父』に導く唯一の方（エウ2の10、イオ14の6）、唯一の太陽なのである。その太陽がいま光り輝いて、『主』が望んだ方法で食べ物として与えているが、「人の子が大いなる力と光栄を帯びて天の雲に乗って」（マト24の30）現れるとき、死体がはげ鷹を集めるように（マト24の28、ルカ17の37）正しい人々を集める。また「そのとき子をありのままに見る」（1イオ3の2）と言われているが、私たちは幕なしで『主』を見ることができる。「主人は帯を締めて、この僕たちを食事の席に着かせ、そばに来て給仕してくれる」（ルカ12の37）。そのとき「正しい人々は太陽のように輝く」（マト13の43）のである。周知のように「食卓」がこの結合をなすが、『主』と結合していない人たちが安息を得るのは不可能で、大小にかかわらず善を受けることもない。

44　ハリストスの仲介［中保］について

ハリストスは『仲介者』であり、神が私たちに与えられたすべての善は『主』を通して行われ、絶え間なく与えられている。ハリストスは人間と神との仲介を一度だけ行ったのでもなく、また使命を終えて止めたのでもなく、転達者たちのように言葉と祈りだけでもなく、業をもって常に仲介を行っている。その業とは一体何だろうか。それは『ご自身』と信者を結び付けること、各信者の真価と潔浄の程度に従って神の恵と賜物を『ご自身』を通して与えることである。光はそれ自体で私たちに視覚性を与えるが、光を持たない人には見る可能性がないのと同じように、人が霊的な安息を楽しみ、充満の中で生きようとするなら、ハリストスとの不断の結合が必要となる。光なくしては見えないし、ハリストスなくして真の生命と真の平安も人の霊に入らないからである。また『主』は私たちを神と和解させる唯一の『方』であり、平安を与える『方』である。この平安がなければ私たちは神の敵となり、様々な神の善にあずかる希望は全くない。最初から洗礼を通してハリストスと結合していない人、あるいは結合してもそれを持続しない人は敵となり、神の善にあずかれない。

　人間の本性を神と和解させたのは何かと言うと、もちろん、『独生の子』が『人の子』となったのを神が目にしたからである。同じように神は『独生の子』の姿をし、『子』の体をもち、『子』と同じ神（霊＝プネヴマ）を持っている各人と和解する。これを持たない人は古い人であり、神に憎まれる人であり、神とは全く何の関わりもない人である。もし司祭たちの祈祷と祭品の奉献が霊に［人々に］安息を与えると信じるなら、それが人間に安息を与えることのできる唯一可能な方法だと、まず信じるべきである。それはすでに述べたように、神と和解して、神の敵にならないことだ。つまり、神と結合することとは神が唯一喜び、愛する『子』と同一の神（霊）を持つことにある。これはすでに証明したように生者、永眠者に共通な聖卓［宝座］の業である。

45　永眠者の霊の上に行われる成聖がより完全なことについて

肉体から解放された霊（永眠者）は成聖において特典を得ている。それは司祭たちの祈祷と祭品の仲介によって永眠者には生者以上に罪の赦しが与えられ、潔められるからである。永眠者の霊はもう罪を犯さないので生者のように古い罪に新しい罪を加えることはない。ということは永眠者にその責任が赦されるか、少なくとも永遠に罪から解放されるかなのである。従って『救主』との交わりによく備えられているのであり、生者と比べてだけでなく、まだ自分が肉体で生きていた時よりもよい状態にあるのだ。肉体から解放されているだけで機密との交わりにより適している。それは肉体にあって可能だったとき以上である。天国には「住む所がたくさんあり」（イオ14の2）、様々な霊［人々］が正しく人を愛する『審判者』から報酬を受ける。また善行が尊敬されて賞を受けるにふさわしい人、至福を受け継ぐ完全な人たち、例えばパヴェルのような人たちは、肉体にあったときよりもはっきりと至福を享受する。従って、普通以上の至福を受け継いだ人たちは今世で肉体にあったときより、来世のほうが素晴らしく幸せである。霊の安息、あらゆる大小の善行の報いとは生者・永眠者という二つのカテゴリーのどちらかで受けるアルトスと爵［ハリストスの体血］そのものであり、他の何物でもないことを証明した。従って、『主』は来る国（天国）の聖卓［領聖］以上のものは何もないと示すために義人たちの安息を「晩餐」（ルカ14の16）と呼んだのである。

このように神聖なるエフハリスティア［感謝祭＝聖体礼儀］は永眠者・生者のためにある。生者が二つの方法で成聖されるように（42章の最初で述べた）、永眠者も二つの方法で成聖される。永眠者が生者より成聖を受ける可能性が低いのではなく、反対に特典を持っているのだ。

46　なぜ神は常に祭品を受け入れるかについて

以上のように、聖なる機密で信者全員が成聖されることを理解したので、次に祭品は常に成聖されるのかどうかを検討する。神聖なる聖体礼儀の聖務は祭品の奉献であるので奉献する人たちが互いに憎み合うなら、その罪悪が原因で祭品は神に受け入れられない。そのような例は古い人々［旧約時代の人々］にも、また恵の下に生きている人たち［新約時代の信者］にも数多くある。常にふさわしい人々が奉献するのでもなく、ときには罪人が奉献することもあるので神に受け入れられないなら、無意味に祭品を捧げているのではないか、成聖されないのではないかという問題を検討する。

奉献する人が罪人の場合、神がその祭品を拒否するのは教会がそれを行っていることで明らかだ。死罪を犯した人が祭品を奉献するのは許されない。それでも奉献しようとするなら神は祭品を受け取らず奉献者も祭品と一緒に否定する。しかし教会は誰が罪人なのか確定できないので、「教会」は罪人とは知らないまま聖なる食卓［聖体機密］で捧げる祭品［アルトスとぶどう酒］を受け入れている。この場合、祭品は神に受け入れられず成聖されないのだろうか。多くの場合、どれがそのような人の奉献なのか分からないので疑うしかない。確信も信頼も無くして機密を受ける信者に機密の益は何もない。

奉献には二つの種類がある。一つは信者がもって来て司祭に渡す奉献用の祭品［プロスフォラ］で、もう一つは教会による神への奉献［プロスフォラ］である。奉献する人が罪人なら第一のプロスフォラは無意味で何の益もない。神の創造物すべては良いものであるが、奉献されるその祭品は神の前に汚れたものとなるからだ。第二のプロスフォラ［教会が行う奉献］については、ふさわしい人が神と諸聖人の光栄のため、全世界の救いのため、そして必要な願いのために行うので奉献は疑いなく受け入れられる。その祭品は最初から清い手で捧げられ、汚れたものはないので、捧げた人も聖にされ、領聖する人も聖にされる。罪は意志の病であり、生命のないものに罪の汚れがつくことは決してない。生命をもつ存在だけが罪に汚れる。しかし罪人が奉献する祭品そのものは汚れていないのに、なぜ「教会」の規則はそれを受け入れないのか。もし何の罪もない被造物［祭品］を神が忌み嫌うのは奉献する人を恥ずかしめるためだとするなら、神はその人に怒りが大きいことを教え、それを知って畏れ生き方を正すためである。祭品には何の裁きもない。従って後者のプロスフォラ［祭壇の上の祭品］が正しい人々によって行われるなら、これらの祭品は受け入れられ、成聖を阻止する障害は何もない。

しかし、こう言う人がいるかも知れない。祭品を捧げる司祭たちの全員が正しい人たちではなく、中には非常に重い罪を犯した人もいるかも知れない、と。確かに、祭品を捧げる信者や司祭が神に嫌われる人たちであるなら［このようなことも起こり得る］、その場合に祭品が神の旨にかなうものとして受け入れられ、聖なるもの、成聖されたものとなる可能性はない。そのような場合は、実際には受け入れられない。祭品を持って来る人たち、そして聖務者たちの霊的な状況は不明確なので私たちはいつも疑いをもつ。それについては「人の内にある霊［神プネヴマ］以外に、いったいだれが、人のことを知るでしょうか」（1コリ2の11）と言われている。このように奉事の周辺には多くの不信と疑いが存在するし、これを確証するものは何一つない。信仰なくして機密を領聖するなら［体血を受けるなら］信者には何の益も得られない。司祭が祭品奉献の主人公だと考える人なら、このような行き詰まりを覚えるだろう。しかし、そうではない。おもにこの奉献を行うのは「恩寵」であり、「恩寵」が祭品を成聖する。なぜなら祭品が成聖されるとき奉献が実現されるからである。捧げる司祭はただ恩寵の奉仕者である。司祭自身は何も捧げない。また司祭は自分の思いとか判断を言動で表現できない。たとえ、物であろうとも言葉であろうとも、行為であろうとも司祭は昔から受け継いだように行い、命じられた方法に従って献物を受け取り、神に捧げているのだ。こうして神の旨にかなう献物は常に好まれ受け入れられる。なぜ祭品を捧げる人の善し悪しに関心をもつのか。捧げる人の罪が祭品そのものを悪にするのでもなく、奉献を悪いものにするのでもない。それは健康をもたらす薬と同じで、医学について何も知らない一般人が作ったものであっても、医師の指示に従った薬種から作られるだけで充分である。また製作者の無知によって薬の効果が左右されることもなく、医師の技術と能力が薬の効果をもたらすのだ。製作者の無知には全く関係なく、薬の効力は医師の技術によるからだ。これと同じように、祭壇の上で「恩寵」がすべてを行うのであり、司祭はただ奉仕するだけで、この奉仕職さえも「恩寵」によって与えられたのである。神品職（聖職）とは聖務に奉仕する務めの一部であってそれ以上ではない。

47　どの程度、祭品が神に受け入れられるかについて

祭品が常に信者全員を聖にし、常に神に受け入れられることについては、すでに述べたので明らかだ。問題はどの程度それを神が受け入れるかである。

ある人が贈物を受け取り、確かに受け入れたと認める印は何だろうか。贈物を受け取り、どこかに置くことではない。受ける側が手で受け取ることのできないものもたくさんある。例えば畑とか家がそうである。では贈物を受けるという意味は何なのだろうか。それは自分の善と一緒にすることであり、自分のものにすることである。同じように神はこれらの献物をご自分のものとし、それを『独生子の体血』にする。もしこのように自分のものとする事実がないなら、どの程度祭品が神に受け入れられたかの尺度を見つけるのは不可能と言える。

もう一つは贈物を受けた人の返礼によって、どの程度贈物を受け入れたかが明らかになる。ここでの返礼とは、正にハリストスの「体血」である。私たちからアルトスとぶどう酒を受ける神は、私たちに『その子』を与える。神が私たちに与える賜物は『子』であり、私たちが捧げたアルトスとぶどう酒の代わりにそれを与えるのは、肉体と血を衣《き》た『方』［ハリストス］が語った「取りなさい」という言葉から分かる。この言葉は賜物であることを示している。また賜物を与える人、それを受ける人、そして与えられるものを明らかにしている。

受け取るもう一つの方法がある。それは印として受けることで、保有者はそれを利用できない。しか

し祭品を印だと考えず、与えられる聖品は自分のものと考えるように『主』は「食べなさい」と言う。このように祭壇の犠牲は神に受け入れられ、祭品は神の旨にかなうものだ。従って、祭品は成聖を必要としている不完全な生者と永眠者の霊を常に聖にする。完全に到達した聖人たちは天上の位階に加えられて天使と共にいるので、この世の位階を必要としない。

48　どのような理由から私たちは祭品で聖人たちを敬い、敬意を表すのか

この問いは前の続きである。祭品が神に捧げられると、それは成聖を必要としている人を聖にする。祭品で聖人たちとすべてにおいて完全な人たちを敬うのは佑《たす》けが必要だからである。では、はたして彼らを呼び、祭品を捧げ、奉献するのは彼らをより善くするためなのか。

それはすでに前述（33章）したように、祭品の奉献にはもう一つの手段がある。それによると祭品は聖人にも帰属する。神が聖人たちに与えた光栄のために、また神が彼らにおいて実現した完成のために祭品が捧げられるときがそうである。それは神に捧げられるものは神の賜物であり、聖人の佑けを必要とする信徒たちへの援助になるからだ。聖人たちのお陰で祭品は神に捧げられるのだから、それは聖人たちにも帰属する。私のために誰かが代わって受ける贈物は、誰が受けても私が受けたことになる。私たちに与えられる贈物は直接自分の手で受け取るものだけとは限らない。贈物を贈る人が私たちの親戚、友たちの手に渡すこともある。このようなことから貧しい人たちを憐み、主の名に依って施しを行

うとき、主はその憐みを受け入れると言う（マト25の40）。このように聖人たちが祭品を受け入れるのは、彼らのために神に捧げられるからだ。施しがハリストスへの愛のために行われるように、同じように神への奉献も彼らへの愛のために行われる。聖人たちを大いに愛するがゆえに、彼らの諸善は私たちのものと考える。また私たちが聖人たちの諸善に参加しているかのように、彼らの幸いを共に喜ぶのである。主が聖人たちに与えた賜物を私たちが喜び、このような諸善を与えた神に感謝する。そしてその感謝として祭品を神に捧げる。ただ聖人に向ける私たちの愛だけが理由で、聖人たちが祭品を受け入れるのではない。それは、彼ら自身が原因で神がこの感謝を受け入れ、神が讃美されることは彼らにとって最も甘く快いことであるからだ。狡猾な罪人の最も大きな罪とは、自らが原因で神の名が冒瀆されるように、聖人たちにとっても彼ら自身が原因で神の名が讃美されること以上の大きな願いや功績はない。聖人たちが肉体をもってこの世に生きている間はそれが聖人たちの絶え間ない闘いである。そして天にあっても、それが終わりなき彼らの業であり、快楽であり、至福における［天国での］唯一の務めである。この世にあったときには、まだ天上の諸善を楽しんではいなかったが、それを楽しむ希望をもっていた。もしその時に常に神への感謝をもって生活していたのなら、また行ったことのすべてが神の光栄のために行っていた（1フェ5の18）なら、いま善行により一層完全になった彼らについて何を考えるべきであろうか。彼らはもう天上の諸善を望むのではなく、『主宰』自らが与える賜物を体験している。今は彼らが何者であったのか、そして何者になったのかを知っている。土の人に代わって輝く人となり、見下げられる僕に代わって誉れ高い子になり、天国の相続人となった。債務を負わされていた人が代わって『主宰』へ債務を打ち明けて他の人をその債務から解放できる人となった。このような理由から神を讃美し、讃栄することを彼らは決して止めず、また神へ感謝するのは自分たちだけで充分だとは決して考えない。また、すべての被造物、天使そして人間が彼らと一緒に神に帰すべき讃美の義務を協力してよく果たすように望んでいる。そして、他にも讃美する人が彼らの感謝に加わってより多くなることを望んでいる。これについての証人はアザリアと三人の聖なる若者で、彼らは火に打ち勝って神から非常に大きな恵を得た（ダニ3、三人の若者の歌）。彼らは燃え盛る炉からの奇蹟的な救いのために感謝する必要があったが、彼らだけが讃美讃栄するのでは不充分だったので、すべての天使、全人類、天、太陽、月、地、山などすべての被造物を感謝のために呼び集めた。それほど聖人たちがこの世にあって神を讃栄しようとする望みは大きい。そして肉体から解放されたときはそれ以上である。

聖人を敬い、その至福と光栄を記憶して、それらを与えた神を讃美する人は、どんな名誉や喜びよりも大きな喜びを聖人たちにもたらす。そして言葉だけではなく感謝の聖品で、最も神によく受け入れられ、神に最も価値ある聖品で聖人たちを敬うならなおさらである。すると『救主』は古い律法のいかなる奉事よりも好意をもって受け入れ、聖人を敬うために行ういかなる尊敬よりも私たちの祭品を喜び、私たちに『主の体血』で応える。同じように聖人たちも私たちのいかなる尊敬よりも祭品を喜び、すべてを尽くして私たちの益となることに佑けの手を差し伸べる。彼らはすべてにおいて『主』をまねるのである。

49　聖体礼儀で司祭が行う聖人の記憶は、聖人のための祈願であると主張する人々に対抗して

神に聖人たちの記憶をするのは感謝ではなく祈願だと考え一部の人々は惑わされている。それはこの問題の動機が何なのかを知らないからだ。これと関係ある聖務の行為と言葉からは、このような問題は出てこない。第一に、聖務からは全くそのようには考えられない。もし教会が聖人たちのために祈ると仮定するなら、どこでも、いつもその祈りを行ったであろう。永眠者のための祈りとは、罪の赦し、天国を嗣ぐこと、完全な聖人たちと共にアブラアムの懐に安息することである。この他に教会が永眠者のために祈ることは何もない。これが神に行う祈願の限界である。なぜなら望むことのすべてを祈るのは許されていない。祈りには誰もが越えてはならない限界と決まりがあるからだ。使徒パヴェルが「わたしたちはどう祈るべきかを知りませんが、霊自らが、言葉に表せないうめきをもって執り成してくださるからです」（ロマ8の26）と語っているのは、何のために祈るのかを『聖神』が私たちに教えると言っているのだ。教会の教師たち［聖師父たち］もこのように考えた。教会が奉神礼と聖務で用いる祈りの言葉以外に何があるのか探しても何も見つからないだろう。

教会が債務のない人たちのために、あたかも債務あるかの如く打算して罪の赦しを祈願することが可能だろうか。あたかも聖人ではないかのように、他の聖人たちと共に安息するため聖人に祈るだろうか。完全な人々のために、あたかも完全でないかのように完全を祈るだろうか。

次のどちらか一方は有り得る。つまり、聖人の至福と完全を告白するか、あるいは神の前で多くの言葉を語り、聖人たちのために無駄な祈りを行うかである。後者は司祭ではなく、聖なることをもてあぶ人たちのことだ。また、聖人たちのためになると考えて真面目に祈るなら、それは聖人の光栄を否定しているのであり、それは冒瀆だけではなく、神そのものに対する冒瀆になる。それは神が聖人たちに報酬として天国を与えると約束した、その約束を守らず、虚偽を語ったことになるからだ。どちらも本当の冒瀆である。一方では聖人の至福を否定し、他方では聖人の至福を否定する人々と同じことを行っている。つまり、聖人たちを至福な人々で神の子、天国を嗣いだ人々だと信じつつも、彼らのために祈る必要があるなら、それは報いを受けない人、敬われない人、見下された人として見なすことになるからだ。

以上の理由から、教会が聖人のために行う奉献は、祈願の奉献だと考えるのは不適当だと分かる。では、祈りの言葉を検討する。

「又この霊智なる奉事を、信をもって寝りし元祖、列祖、太祖、預言者、使徒、伝道者、福音者、致命者、表信者、節制者、及び凡そ信をもって終わりし義なる霊の為に爾に献ず。殊に至聖至潔にして至りて讃美たる我等の光栄の女宰、生神女、永貞童女マリヤの為。聖預言者、前駆、授洗イオアン、光栄にして讃美たる聖使徒、当日記憶を為すところの聖（某）、及び爾が諸聖人の為に献ず、神や、彼等の祈祷によりて我等を顧み、並びに凡そ永生の復活の望みを懐きて寝りし者を記憶して、彼等を爾が顔の光の照らす所に安息せしめ給え」。

以上が祈りの文である。ここには聖人のために神に行う祈願は含まれていない、また司祭が普通の祈りを行っているのでもない。すでに亡くなった信者を記憶したあとすぐに彼らのための祈り、「彼等を爾が顔の光の照らす所に安息せしめ給え」を加える。聖人たちに関しては正反対である。彼らのための仲介を行うのではなく、彼らを仲介者としている。なぜなら聖人たちを列挙してから「神や、彼等の祈祷によりて我等を顧み」と付け加えているからだ。聖人たちへの祈願ではなく、何よりも感謝であることを明らかしているのは、この祝文の言葉であり、「神の母」がこの中に含まれていることである。もしここに列挙されている人たちが仲介を必要としているなら、生神女は含まれないはずである。生神女は聖人の位階だけではなく、天使の位階の仲介をも必要としないのは、生神女が比較にならないほど霊的な存在［天使たち］よりも至聖なる方であるからだ。しかし、ハリストスが聖務を行っているのだから、もし聖人たちのために、そしてご自分の「母」のために仲介しているなら素晴らしいことではないか、と言うかも知れない。そのような根拠は何もない。それはハリストスの仲介方法ではない。確かにハリストスは「人と神の仲介者」（1ティ2の5）となったが、それは言葉とか祈りで行うのではなく、ハリストス自身が仲介なのである。ハリストスは神であり人間であったため、ご自身を神と人間という二つの本性の共通境界線に置き、神と人間を結び付けた。常に聖体礼儀の祈りで『主』が仲介していると考えるのは、あらゆる冒瀆と無意味に満ちてしまう。確かに『主』が聖務を行っているが、そこで行われ、述べられることのすべてが『主』に帰属するのではない。秘儀の業とその目的、つまり祭品と信者の成聖はハリストス一人が行うことである。しかし、この奉事の外枠を成している祈りと祈願は司祭のものである。前者は『主宰』のものであり、後者は僕のものである。司祭が祈り、その祈りを聴くのがハリストスなのである。『救主』が与え、それに対して司祭が感謝する。司祭が祭品を奉献し、『主』

がそれを受け入れる。また、祭品がハリストスの体血に変化するとき、実際に『主』が『ご自身』とこの祭品を『父』に捧げる。『ご自身』を捧げるがゆえに「爾は献ずる者と献ぜらるる者、受くる者と頒たる者なり」と言われる。つまり、神として献ずる者と受くる者であり、人間としては献ぜらるる者である。まだアルトスとぶどう酒である祭品を奉献するのは司祭で、それを受けるのは『主』である。

では、どのような行為で祭品を受け入れるのかというと、それは祭品をハリストスの体血に変化する成聖によってである。すでに述べたように、これが報いであり、授与である。これが聖務を行うハリストスの方法であり、ハリストスの聖性を成している。

すでに述べた以外に、全体あるいは部分的に秘儀の祈りはハリストスの祈りであると誰かが主張するなら、それはハリストスの光栄を大胆にも破壊しようとする不敬虔な人たちと何も変わらない。すべての祝文［祈り］を見ると僕たちの言葉だと分かる。また、ハリストスに帰属させようとする祝文、聖人たちを記憶している祝文を大胆に読んでも、そこには『父』と同等の『子』にふさわしいものは何もなく、すべては僕たちの言葉である。第一に、感謝は一個人によって行われるのではなく、罪を犯したが神の仁慈から見捨てられていない全人類共同の感謝なのである。また、この感謝は『父』だけに向けられているのではなく、『子』と『聖神』にも向けられている。この他に、私たちは女主人に向かう僕たちのように「神の母」も記憶し、彼女と聖人たちの転達を通して神の佑けと仁愛を求める。これらは一つの『主』、『神の子・独生子』、『無罪な方』、万物の『主』と、どのような関係があるのか。「我等爾の独生子に感謝す」と司祭は言うが、これはハリストスが『神の子』・『独生子』に感謝しているのだろうか。そうするならネストリイの狂気と同じ二人の子を持つことになる。つまり、ハリストスが聖人たちのために転達し、このような転達と仲介をハリストスに帰することは、それほど不敬虔で愚かなことなのである。この聖なる奉神礼は祈願ではなく感謝以外の何ものでもない。しかし、ある人は表現がヴェールとなって祈願を隠しているのだと言うかもしれない。前置詞「～のため」は祈願の意味をもっているからだと。それは違う。なぜならそれが常に求めの祈りを示さないからだ。願うときだけではなく、感謝するときもこの前置詞を用いる。この証明は多くの箇所にあり、次の祝文にもある。「これらの為に、凡そ我等が知る所、知らざる所、我等に賜わりし諸恩の為に、我等爾と爾の独生子と爾の聖神とに感謝す、又この奉事の為に爾に感謝す、爾これを我等の手より領くるを甘んじ給えり」。これから分かるように、この前置詞は感謝にも用いられる。この偽りを正当化する口実は全くない。従って、聖人の記憶を祈願にすることはできない。祈願ではなく、感謝祝文である。私たちが神から諸善を受けるために、あるいは私たちが神から受けた諸善のために神の慈善を思い起こす方法は、祈願か感謝かのどちらかである。人々に対する神の慈善の中でも、聖人の完成は正しく大いなることを示している。それゆえに聖人のために神に感謝すべきことを教会は教えるのである。また、なぜ聖人の完成が神の大いなる賜物であるかと言うと、人類に対する神の慈善のすべての中で「聖人たちの集団」は慈善の完成であり、結実であるからだ。そして、この目的のために天地と目に見える全宇宙が創造された。そのために天国があり、預言人たちがいた。そのために神ご自身の藉身、神の教え、仕業、苦しみ、そして死があったのだ。それは人々が地から天に移るため、天国を相続する人となるためである。もし聖体礼儀が感謝であり、その祭品が祈願と同様に感謝でもあるなら、その原因と動機は必然的に聖人たちとなる。

では、私たちに感謝の心を呼び起こすのは何かを検討する。どんな求めでも、すべては獲得するために行うことは誰にも明らかである。しかし、私たちの感謝は求めの対象と同じではない。では、教会は何を神から求めるのか。求めるように命じられたのは、神の国であり、信者がそれを相続して「召し出してくださった聖なる方に倣って」（1ペト1の15）聖人になることである。もしこの必要があり、それを願っているなら、そのために感謝するのは明白である。信者たちは聖性を全うすることを願う。従って、彼らに聖性を全うさせた神に感謝するのが当然必要である。聖人たちのために感謝を行うことからも、この奉神礼は感謝と呼ばれている。また機密では他の多くのことが記憶されるが、聖人たちがすべての完成なので、彼らの名において他のものをも求めるのである。従って、教会がすべての善に対して感謝するときは、いつも聖人の完成に対して感謝しているのである。『主』が行ったことのすべては聖人の会衆［集団］を組織するためであったように、教会もすべてのために神を讃美するときには、神の慈善である聖人の会衆を讃美する。『救主』がこの機密を人々に与えたときも神に感謝しつつ与えたのが根拠である。この方法で『主』が私たちのために天を開いたのは、そこに「天に登録されている長子たちの集会」（エウ12の23）を集めるためである。教会はこのハリストスを模している。そして祈願だけではなく、感謝のために祭品の奉献を行う。他の部分も感謝を明らかにするが、聖体礼儀の動機は祝文でより明らかに述べている。神が私たちに与えた諸善について述べ、すべてのために感謝したなら、最後に『主』の肉体での現れ、機密の授与、そして『主』が私たちも同じように行うように語った誡めを加える。また「故に我等この救いを施す誡め、及び凡そ我等のために有りし事、即ち十字架」と十字架刑の後に起きたことも付け加える。

続けて次のように言う「爾の賜を、爾の諸僕より、衆の為一切のために爾に献りて、主や、爾を崇め歌い、爾を讃め揚げ、爾に感謝し、我が神や、爾に祈る」。私たちが爾［神］の慈善を思い起こして、祭品を奉献するのは感謝のためであり、祭品を以て私たちに与えられた諸善のために『慈善者』を敬う。そのあとで感謝がより一層明らかになるように、祭品を奉献して言う「主や、爾を崇め歌い、爾を讃め揚げ、爾に感謝し、我が神や、爾に祈る」と。

これが祭品奉献の意味だと教会は教える。つまり、最初に犠牲は感謝と祈願であると述べたように、それは讃詞、感謝、祈願でもあるのだ。そして、これらを行うのは私たちが二つのことを思い起こすからであるとも言う。一つは「これをわたしの記憶として行いなさい」という誡めであり、もう一つは［ハリストスが］行ったすべては私たちのためになされたことを思い出すからである。慈善の記憶は多くの善を私たちに与えた『方』に何かを捧げ、返礼するように促す。誡めを記憶することは、私たちがどんな種類の祭品を返礼として捧げるのかを教える。『神・父』よ、爾の『独生子』が捧げたのと同じ献物を私たちは爾・『神・父』に捧げ、爾に感謝するのは『爾の子』も捧げた時に感謝したからである。従って、爾に捧げるのは何一つとして私たちのものではない。祭品も私たちのものではなく、万物の創造主である爾のものであり、この奉神礼の型を見つけたのも、快く犠牲を行ったのも私たちではない。また、私たちだけでこの行動を起こしたのでもなく、爾が私たちを励まして勧め、爾の『独生子』を通して私たちに教えたからである。従って、爾に奉献するものすべては爾が私たちに与えたものであり、すべては爾のものである。

このように、感謝の奉献のために神に新たな感謝を行わなければならない。それはこの奉献の何一つとして私たちのものではなく、すべては神の賜物であるからだ。また、この献物を私たちが望み、奉献しても神のものなのである。聖使徒は「あなたがたの内に働いて、御心のままに望ませ、行わせておられるのは神であるからです」（フィリ2の13）と言っている。従って、祝文の中でも「この奉事の為に爾に感謝す、爾これを我等の手より領くるを甘んじ給えり」と言う。これらすべては聖体礼儀における聖人の記憶が彼らのために神に祈願するのではなく、感謝することが明らかになる。

50　聖体礼儀では何度聖人を記憶するか、またその記憶の相違は何か

聖人たちの記憶は聖体礼儀で二度行われる。最初と祭品が犠牲とされるときである。実際に祭品の奉献は二種類ある。すでに述べたように、祭品の奉献には、献物としての奉献と犠牲としての奉献がある。どちらの奉献でも聖人が記憶されなければならない。

最初の奉献〔献物としての奉献〕のとき司祭は「主、我等の救世主イイスス・ハリストスを記憶するが為なり」と言う。二回目には「及び凡そ我等のために有りし事、即ち十字架、〔その他、〕ハリストスが我等の為に行いし事を記憶して」と言う。ここでの『主』の記憶は十字架と、その後の奥義の記憶である。最初の記憶で司祭は『救主』が奇蹟者であることには言及せず、すでにこれと関係ある第七章で多くの証拠を証明したように、十字架にかけられて死ぬことに言及しているからだ。第一の記憶では「至聖女の光栄と諸聖人の転達のため」と言うように、第二の記憶でも「諸聖人のため、殊に至聖女のために」と再び言う。第一の記憶では諸聖人より先に生神女を記憶することで、その優越を示すが、第

二の記憶でも聖人を記憶したあとに「殊に」を加えて同様に彼女の優越を示す。最初の奉献で聖人を記憶すると同時に憐みを求めている人、生者と永眠者を記憶するように、第二の奉献でも同じように行う。ただ多少の相違がある。第二の奉献では「我等また爾にこの霊智なる奉事を献じて」と述べられる。この後で、最初か最後に『救主』の苦難と聖人たちを記憶して奉献の理由を挙げる。第一の奉献では、奉献の理由だけを述べて「『主』の記憶と至聖女の光栄のために」と唱え、続けて感謝する人々、祈願する人々を記憶する。なぜこのようにするのか、と言うと司祭はこの奉献で捧げるものが何なのかを行為で示しているからだ。アルトス〔奉献されるアルトスの一つ〕から一部分を取り除いて、それを神に捧げているので言葉で表現する必要はない。

第二の奉献〔犠牲としての奉献〕で司祭は外面的な行為を行わないが、奉献は見えずして行われる。それは『恩寵』が司祭の成聖祝文をもって見えずして犠牲を行うからである。そのために奉献を宣べ伝える言葉が必要である。

51　なぜ司祭はこの犠牲を「霊智なる奉事」と呼ぶのか

司祭がこの犠牲を「霊智なる奉事」つまり「霊的な奉事」と呼ぶのは、司祭はいかなる行為も行わず、ただ成聖の言葉を用いて奉献するからである。第一の奉献は人間にも行える行為なので司祭によって行われ、実践的な奉事とも言える。第二の奉献、つまり祭品がハリストスの体血に変化することは犠牲であり、これは人間の能力を超えているので『恩寵』がそれを行う。司祭はただ祈るだけである。従って、確かにそれは犠牲であり、業であり、現実であるが、司祭はこの中で言葉を発する以外は何も行わないので、実践の奉事ではなく「霊智なる奉事」と言うのは賢明である。

52 なぜこの奉神礼を「感謝」と言うのか

この奉神礼が感謝であり、祈願であるのに、両方を言わず「感謝」とだけ言うのは、祈願よりも感謝する根拠の方が多いからである。私たちが獲得するために求めることよりも、獲得しているものの方が多いのである。すでにすべてを獲得しているのに更に求める。それはすでに得ているものの部分にすぎない。神が人間に与えるにふさわしいとしたものは、すべて私たちに与え、省いたものはない。しかし、まだ受ける時が訪れていない善もある。例えば、肉体の不朽、不死、そして天国である。また獲得しても保持できなかったものもある。それは罪の赦しとその他の機密で受けた賜物である。例えば、失ったものには安楽、健康、富などがあるが、失ったのはそれらを悪用したからである。だから善を狡猾と堕落の原因に用いて、私たちがより一層悪くならないように祈願する。またイオフ（ヨブ）のように、より大きな益のために、いまもっている善を失うことも有り得る。

これから結論として明らかになるのは、神は祈願のための機会を与えず感謝の動機だけを与えているということだ。私たちは怠慢から自分の貧しさを作り出しているので祈願を必要としている。

祈願すべきことは罪の赦しである。もちろん、罪の赦しはすでに聖なる洗礼で豊かに受けているが、私たちがいま一度それを求めるのは罪の責任を負っているからである。責任は私たち自身にあり、祈願の原因も私たち自身にある。それでもまだ天国を相続しようと私たちは願う。確かに、この相続は私たちに与えられている。私たちは天国の中心で神の子供となったからだ。子供が受け継がない父のものは何もない。子供以外の一体誰が相続者でありえよう。にもかかわらず、私たちは神から生まれてこの名誉に与ったのを忘れ、養子縁組に反する行動を取り、子供から狡猾な僕となりさがってしまった。従って、私たちは失ってしまって全く益をもたらさなくなった善を祈願する。私たち自身が祈願の原因なのはこの理由だ。

物質的な善について『主』は「何よりもまず、神の国と神の義を求めなさい。そうすれば、これらのものはみな加えて与えられる」（マト6の33、ルカ12の31）と命じた。そして「自分の命のことで何を食べようか何を飲もうかと、思い悩むな。あなたがたの天の父は、これらのものがみなあなたがたに必要なことをご存じである」（マト6の25―32、ルカ12の22―31）と。私たちが自分の不信と怠慢から被害を受け善を失うのは、それと関係する誡めを守らないからだ。ゆえに私たちが祈願するのは自業自得のことなのである。あるいはイオフのように神の摂理と仁愛が原因で善を失うこともある。それは神がより大きく、より価値のあるものを与えるためである。その場合の欠損は祈りと祈願の根拠ではなく、神の業であり、「主の名は永遠に讃めたたえられよ」（イオフ1の21）とイオフが語ったように讃美と感謝なのだ。

このように、神が私たちに与えられたもののすべては私たちを讃美と感謝に導く。忘れてならないのは、私たち自身が祈りと祈願の原因だと言うこと。従って、神との対話で霊的・物質的な善が与えられていなくても、感謝のためだけ善を用いる。なぜなら神は私たちにすべてを与えたからである。これを知る聖使徒はすべてのために感謝するよう教えた。「いつも喜んでいなさい。どんなことにも感謝しなさい」（1フェ5の16、18）と。従って、より完全で正確な神との対話、つまりキノニアの奉神礼［聖体礼儀］で私たちはあれこれと神の善行を記憶するのではなく、神が与えたすべての善、そしてまだこれから与えられる善をことごとく記憶する。それを「感謝」と呼ぶのは正しいことである。不幸が原因で神に祈願するのではなく、神が私たちに与えた良き業を思うからであり、私たちの貧困ではなく豊穣な神の善意を思うからである。もちろん、この聖なる奉神礼の中で私たちは神に感謝と祈願を同時に行う。しかし、すでに述べたように感謝は神の業であり、祈願は人間の病の業であるため、感謝がより多く祈願は少ない。感謝はすべての善に対して行うが、祈願は幾つかだけである。従って、この奉神礼が多い方の名を取って「感謝」と言われるのは当然である。これと同じことが人間にも言える。人間の本性には霊智のない部分もあるが「霊智なる動物」と呼ばれるのは、大部分がそうであるからだ。

この他に「感謝」と呼ばれるもう一つ次元の高い理由がある。それは私たちの『主イイスス・ハリストス』が『父』に願いながらではなく、感謝しつつこの奉神礼を行い、それを私たちに与えたからである。このように感謝としての奉神礼を『主』から受けた教会は「感謝」と呼んだのである。

53 「交わりの機密」に対して信者と共に行なう神への感謝について、聖務の最後に唱える祝文について

最後に司祭は機密を受けた人が、機密を与えた神に感謝するよう促す。熱意をもって行うように、「謹みて立て、……聖機密を領けて、宜しく主に感謝すべし」と告げるのは、席座したり、休む姿ではなく、霊体を神に向けて伸ばした状態で感謝することを示している。

そのあと司祭は常例のように祭壇から出て、王門の前に立って全員のために『主』に祈願する。ここで神によって行われた聖なる奉神礼すべてが終わる。感謝の聖務のあとに、もう一つ強調すべきことは、司祭があたかも神との出会いから自分を解放して人々との交わりにゆっくり降るかのように、祝文を唱えることとである。祝文を唱える場所と方法がその降りを明らかに示している。それまで司祭は一人で祭壇の中にいて、誰にも聞こえない祝文を神に向けて祈っていたが、いま祭壇の中から出て信者の中に入り、教会と信者全員のために祝文を唱える。そして彼の祈りを全員が聴く。そのあと、奉献され、犠牲となった羔を切り取った聖アルトス（聖パン）の残りを小片に切り、信者に分け与える。それは神に捧げられ、奉献されたことで聖なるアルトスとなった。信者はこのアルトスの小片を受けるとき、大いなる敬虔をもって司祭の手に接吻する。なぜならその手はいま少し前に至聖なる『救主の体』に触れたからである。また司祭は成聖を受けたのであり、確信をもって近づく人に成聖を伝えるからである。ここで、善の源泉であり、授与者である神を讃美する。この讃美は聖書から引用された「主の名は讃めたた

えられよ……」（イオフ1の21）である。これが三度繰り返されたあとに、讃美と感謝に満ちている聖詠が読まれる。その聖詠とは「我何の時にも主を讃め揚げん、彼を讃むるは恒に我が口に在り……」（聖詠33の1／34の2）である。

アルトス［アンチドル＝代聖餅］が分け与えられ、聖詠が終わったなら、司祭は最後の祝文［発放詞］を唱える。それは祭壇の外で全員に聞こえるように唱えるだけではなく、信者全員との結び付きがそれまでより強くなったことを表して信者に向かって行う。この祝文では私たちが『主』の憐みにふさわしくなり、救われるために、救う神の仁愛を希求し、私たちを援助する仲介［中保］者と転達者、『至聖なる神の母』を記憶する。この祝文は「ハリストス我等の真の神は……」で始まる。ここで言う神とは、かつて私たちが崇拝していた虚偽の神々の一ではなく、捜し求めて見い出した「私たちの真の神」である。従って、『無原の父』と、『至聖・至善にして生命を施す聖神』と共に神としての『ハリストス』にのみにあらゆる光栄、尊貴、伏拝が今も何時も世々にあるように、アミン。

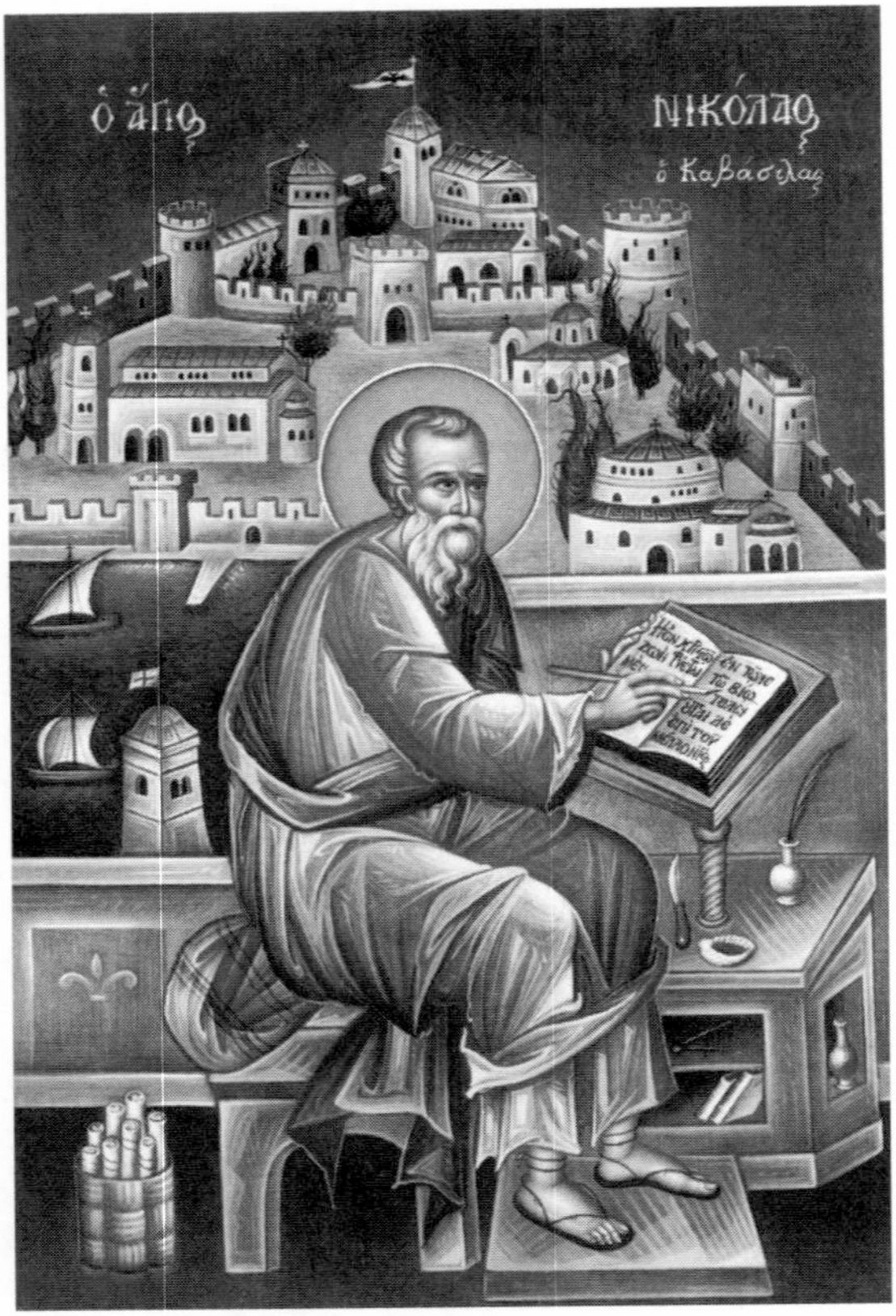

ニコラオス・カバシラスの聖像（イコン）

訳者あとがき

新約聖書に記されているように「最後の晩餐」を終えたイエス・キリストは弟子たちに「わたしを記念するため、このように行いなさい」（ルカ22の19）と命ぜられました。これこそがキリストの「新しい契約」である「聖体礼儀」の礎です。教会の誕生（五旬祭、ペンディコスティ）から弟子たちがこれを継続し、「彼等は恒に使徒の訓を受け、交際を爲し、**餅を擘き**、祈禱を行へり。（そして一同はひたすら、使徒たちの教を守り、信徒の交わりをなし、**共にパンをさき**、祈をしていた）」（使2の42）。初代教会時代と呼ばれる約三百年間の迫害期にも絶えさせることなくカタコンベなどひそかな場で続けてきた「愛の晩餐」です。キリスト者にとって「キリストの体血をパンとぶどう酒の形で聖にされ、それを口からうける」ことは、キリストの時空を超えた契約の実現であり、救いの成就にとって最も重要な機密（奥義）です。「わたしの肉を食べ、わたしの血を飲む者はわたしにおり、わたしもまたその人におる」（イオ6の56）と言われています。正教会ではこれを「聖体礼儀 *θεία λειτουργία*」と呼び、「機密の中の機密」として現在に至るまで受け継いでいます。

使徒たちの時代から信徒数の増加に伴い各地方で異なった表現、式順や構成で営まれてきた「愛の晩餐」は時代と共に数多くの聖体礼儀が作成されました。それらの聖体礼儀も四—五世紀には言葉や式順などが整備されるようになり、統一された三つの礼儀に落ち着きます（詳細に調べると初代教会には複数の聖体礼儀がありました）。現在も正教会にはこの三つの聖体礼儀が残っていて執り行われています。最も頻繁に行われるのは「聖師父金口イオアンの聖体礼儀」ですが、これは以前から用いられていた「聖大ワシリイの聖体礼儀」を短縮して編纂したものです。そして三つ目が「先備聖体礼儀」呼ばれるものですが、ここでは割愛します。「聖大ワシリイの聖体礼儀」は年に十回しか行われず、その他は年中を通して「金口イオアンの聖体礼儀」が行われます。正教会の聖体礼儀は教会の偉大な師父である聖大ワシリオス（没三七九年）によって編纂され、次にとイオアニス・クリゾストモス（金口、没四〇七年）によって再編纂され、その後も長い歴史の中で多少の付加や修正が加えられつつも、原型を維持しつつ「聖師父金口イオアンの聖体礼儀」として現在に至っています。この聖体礼儀は世界中どこでも言語こそ異なりますが正教会に帰属しているなら全く同じ式順と構成内容です。

λειτουργία（リトゥルギア）の原意は「公共事業とか共同作業」の意でキリスト教以前からあった語です。キリスト教時代には信者が集まり、目に見えるパンとぶどう酒の形で神キリストの聖体血を受けてキリストと結びつく奥義となりました。正教会の教えによると、人の「救い」は神と人の共同作業συνεργεία（シネルギア、協働）で達成されます。συνεργεία の訳語には「協同」「共同」「協働」という同音で意味も似ているものがありますが、この三つの中で聖体礼儀を的確に表現するには「協働συνεργεία」が最適と思われます。それは「同じ目的（救い）のために神と人が力を合わせて働くこと」を意味します。従って、聖体礼儀には多くの信徒が集まるだけではなく、この機密を正しく理解して、

二、三人であってもキリストの名によって協働の心を捧げる信徒の機密への参加が求められます。この礼儀の中では信者が讃美と感謝を神に捧げ、少しの祈願も加えられています。

聖体礼儀には別名で「Θεία Ευχαριστία = 感謝機密」とか「Θεία κοινωνία = 親しみの機密（聖体領聖）」があります。聖体礼儀の祈祷文・祝文の用語に注目すると、ポイントになる「祭」という語があります。聖体礼儀テキストの中で最初のうちに聖体礼儀を「この祭」と宣言しています。これはギリシャ語 θυσία の邦訳です。θυσία を辞書で引くと「（神に）いけにえを捧げる」、「犠牲、犠牲的行為」となっています。ただ「生け贄」とか「犠牲」は旧約時代の動物の生け贄を思い起こさせます。「燔祭（возношение и всесожегаемая）」という表現もありますが、新約時代にキリストが行った聖体礼儀の原型は最後の晩餐で「パンとぶどう酒」を用いたので、「無血の祭」とか「この奉事の無血祭の聖事」と言い表し、キリストの聖なる「体血」を頒ける機密としての聖体礼儀を「祭」という語で表現したと考えられます。「祭」は「奉る（たてまつる）」という意味であり、奉神礼をギリシャ語では Ακολουθία と言いますが、その意味は「神に従う、あとに続く、信奉する、ならう」とあります。ロシア語では служить Богу（神に仕える）が служ（ить）+ ба（богу）= служба（奉神礼）となったと考えられます。この他に聖体礼儀テキストから引用すると、「義の祭（жертву правды）」、「讃美の祭（жертву хваления）」、「讃揚の祭（Жертву хваления）」、「神（属神）の祭（жертвы духовныя）」、「尊き祭」、「聖なる祭」などが聖体礼儀の代名詞となっています。これらすべて聖体礼儀がもつ重要な要素を表すものです。神が聖職者を器として用いて人々と神との霊的な交わりと物質的で目に見える形の交わりを実現させています。従って、決して司祭が神に捧げているのではなく、犠牲となったのはあくまでもキリストでその記念として再現しているのです。祭品（パンとぶどう酒）が犠牲を表すのなら、それはキリストの犠牲であって、決して司祭が神に犠牲を捧げているのではなく、最後の晩餐の再現は神・聖神（聖霊）の能力《ちから》と挙動《はたらき》と庇陰《おおい》によって成就されるのです。ここに正教会が教える神と人間の「協働 συνεργεία」が明らかになります。聖体礼儀には「蓋《けだし》ハリストス（キリスト）、我が神や、**爾は献ずる者と献ぜらるる者、受くる者と頒たるる者なり**」と司祭が唱える文言が「ヘルヴィムの歌を歌う時の祝文」の中にありますが、この語句は聖体礼儀におけるキリストとその聖職者の立場を明確にするものです。神キリストが十字架の上で捧げた一度だけの「犠牲」を記念する聖体礼儀を司祭は一日に一度しか行えない決まりになっています。これはミサを一日に何度でも行えるローマ・カトリック教会の司祭との違いです。人間の都合ではなく歴史的な事実に立脚して、また一日二四時間をキリストの生涯と捉えて、人類の救いのために一度だけ十字架の犠牲、埋葬、三日目の復活、昇天、そしてキリストの再臨を記憶するのも聖体礼儀です。司祭は黙祷して「故に我等この救いを施す誡め、及び凡そ我等の為に有りし事、即ち十字架、墓、第三日の復活、天に昇る事、右に座する事、光栄なる再度の降臨を記憶して」と唱えます。

「聖祭品を安置する後の奉献祝文」に次のような文言もあります。「主、神、全能者、獨聖にして心を尽くして爾に呼ぶ者より讃美の祭を受くる者や、我等罪人の祈りをも受けて爾の聖なる祭壇に携え、我等を我が罪と衆人の過との為に爾に献物と属神の祭とを献ずるに勝うる者となし給え。我等に爾の前に恩寵を得せしめて、我等の祭は爾に善く納れらるる者となり、爾が恩寵の善神（Духу благодати）は臨みて、我等の中とこの供えられたる祭品と爾の衆人とに居るを致させ給え。」

ここで「属神」「善神」「聖神」「神の祭」などに使用されている「神（しん）」という難解な問題に少

しだけ触れたいと思います。言うまでもなく「神゜」は正教会の造語です。これはギリシャ語の Πνεῦμα, Ἅγιον Πνεῦμα で、一般には霊、聖霊と訳しますが、正教会ではそれぞれを「神゜」「聖神゜」としたのです。なぜこのような造語を用いるかというと Πνεῦμα を霊と訳してしまうとギリシャ語の Ψυχή（正教会訳「霊」）との相違が無くなってしまうためです。つまり、双方とも「霊」となります。これは非常に難しい神学的対応で日本正教会の短い歴史の中でも試行錯誤した痕跡を見出すことができます。今でも「神゜」の使用に反対する人々がいるのも事実です。日本に正教を伝え、新約聖書とほとんどの奉神礼書を中井継麻呂という漢学者と一緒に日本語に翻訳した大主教ニコライ・カサトキン（архиеп. Николай Касаткин）が Πνεῦμα を「神゜」にした一つの理由は漢語の霊が人間だけでなく動物の霊も意味するので、人間に与えられている Πνεῦμα を表す語が必要になり、また Πνεῦμα（神゜）と Ψυχή（霊）との違いを表すために用いたと言われます（※総じて同じだという神学的見解もあります。人間を分割する説論に二分割論［霊体］と三分割論［体・霊・神゜］が正教会にありますが、ここでは割愛します）。日本聖書協会の口語訳新約聖書を見るとギリシャ語の Πνεῦμα も Ψυχή も「霊」という語が当てられています。実際問題として、もし「神゜」を用いずに Πνεῦμα を「神」のみにすると、表意文字である日本語では神（かみ）とも解釈できます。この日本語で同音語になる「しん・かみ Θεός」と「しん Πνεῦμα」の区別をするために神に「゜」を付け「神゜（しん）」と読ませて Πνεῦμα の意味にしたと考えられます。

正教会では選ばれ（聖職者をギリシャ語で Κληρικός と言いますが、これは古代から聖職者や神官を籤 κλήρο で選出した歴史からです）そして叙聖を受けた男性が神父（神品）になりますが、その呼称は「神父」だけでなく、「司祭」そして「牧師（牧者）」も使用されます。本来正教会では司祭を「神父」ではなく「神父」と表記すべきで、その意味は属神的な父＝霊的な父です。便宜上「神父（しんぷ）」としていますが、「神父」を「かみちち」と読まなければならない箇所もあります。

聖体礼儀は「罪の赦しと救い」のためにあります。「キリストは杯を取り、感謝して弟子たちに与えて言われた『みな、この杯から飲め。これは、罪のゆるしを得させるようにと、多くの人のために流すわたしの契約の血である。』（マト26の28）」と。また、この機密の効力は生者だけではなく、永眠者にも及ぶので、この犠牲（祭＝聖体礼儀）は救いの光です。

正教会の奉神礼全般を「ことばの礼儀」とも表現しますが、まさに「神はことば」であり、福音書と奉神礼を通して神にいたる特権が人に与えられています。聖体礼儀を「たましいの祭」（神の祭）と言うのは、福音書に「神は神なり、彼を拝する者は神を以て眞を以て拝すべし」（神は霊ですから、礼拝をする者も、霊とまことをもって礼拝すべきである）（イオ4の24）とあるように、真心を神に捧げることだからです。「ことばの礼儀」とは反対に「沈黙と静寂」の中で行われる隠遁修行者の神との交わりもあります。

本書を拙い訳文で読まれ、十四世紀の聖体礼儀の意味を理解することで、ますます神キリストを近くに感じ「神我等と共にあり＝エンマヌイル」と唱える信仰に強い力が与えられ、恵みによる神とのシネルギアによって罪の赦しを得て永遠の生命に辿り着くことができますように。アミン。

「わたしの肉を食べ、わたしの血を飲む者には、永遠の命があり、わたしはその人を終りの日によみがえらせるであろう」（イオ6の54）。

長司祭　イオアン長屋

※ここには聖体礼儀のテキストを掲示しておりませんので、ぜひ一八九四年邦訳、正教会出版『吾が聖神父金口イオアンの聖体礼儀』（一九五七年再版『奉事経』正教本会版、七五―一九三頁）を入手されてテキストを見ながらカバシラスの注解を読まれるのが良いと思います。また、ニコラオス・カバシラス（市瀬英昭訳）『聖体礼儀註解』（平凡社『中世思想原典集成３』、八九九―九四七頁）も参考にされると良いでしょう。

正教会訳『聖書』の書名と略語一覧（新共同訳との対照）
《旧約聖書》

正　教　会	略語	新共同訳
創世記	創	創世記
エジプトを出づる記	出	出エジプト記
レヴィト記	レヴィ	レビ記
民数紀略	民	民数記
申命記（復伝律例）	申	申命記
イイスス・ナビン記	ナビン	ヨシュア記
イズライリ判士の記	士	士師記
ルフ記	ルフ	ルツ記
列王記第一書	1列	サムエル記上
列王記第二書	2列	サムエル記下
列王記第三書	3列	列王記上
列王記第四書	4列	列王記下
歴代志略第一巻	1代	歴代誌上
歴代志略第二巻	2代	歴代誌下
エズドラ第一書	1エズ	エズラ記
ネヘミヤ書	ネヘ	ネヘミヤ記
エズドラ第二書	2エズ	エズラ記（ギリシア語）
トビトの書	トビ	トビト書
イウジヒ記	イウジ	ユディト気
エスヒル記	エス	エステル記
イオフの記	イオフ	ヨブ記
聖詠	聖詠	詩編
ソロモンの箴言	箴言	箴言
伝道書	伝道	コヘレトの言葉
諸歌の歌	諸歌	雅歌
ソロモンの知恵書	知恵	知恵の書
シラフの子イイススの知恵書	シラフ	シラ書
預言者イサイヤの書	イサ	イザヤ書
預言者イエレミヤの書	イエレ	エレミヤ書
イエレミヤの哀歌	哀	哀歌

正　教　会	略語	新共同訳
イエレミヤの達書	達	エレミヤの手紙
預言者ワルクの書	ワルク	バルク書
預言者イエゼキリの書	イエゼ	エゼキエル書
預言者ダニイルの書	ダニ	ダニエル書
預言者オシヤ書	オシ	ホセア書
イオイルの書	イオイ	ヨエル書
アモス書	アモ	アモス書
アブジヤ書	アブ	オバデヤ書
イオナ書	イオナ	ヨナ書
ミヘイ書	ミヘ	ミカ書
ナウム書	ナウ	ナホム書
アワクム書	アワ	アワクク書
ソホニヤ書	ソホ	ゼファニヤ書
アゲイ書	アゲイ	ハガイ書
ザハリヤ書	ザハ	ゼカリヤ書
マラヒヤ書	マラ	マラキ書
マッカウェイ第一書	1マッカ	マカバイ記一
マッカウェイ第二書	2マッカ	マカバイ記二
マッカウェイ第三書	3マッカ	—
エズドラ第三書	3エズ	—

正教会訳『聖書』の書名と略語一覧（新共同訳との対照）
《新約聖書》

正　教　会	略語	新共同訳
マトフェイに因る聖福音	マト	マタイによる福音書
マルコに因る聖福音	マル	マルコによる福音書
ルカに因る聖福音	ルカ	ルカによる福音書
イオアンに因る聖福音	イオ	ヨハネによる福音書
聖使徒行實	使	使徒言行録
イアコフの書	イア	ヤコブの手紙
ペトルの前書	1ペト	ペトロの手紙一
ペトルの後書	2ペト	ペトロの手紙二
イオアンの第一書	1イオ	ヨハネの手紙一
イオアンの第二書	2イオ	ヨハネの手紙二
イオアンの第三書	3イオ	ヨハネの手紙三
イウダの書	イウ	ユダの手紙
ロマ人に達する書	ロマ	ローマの信徒への手紙
コリンフ人に達する前書	1コリ	コリントの信徒への手紙一
コリンフ人に達する後書	2コリ	コリントの信徒への手紙二
ガラティヤ人に達する書	ガラ	ガラテヤの信徒への手紙
エフェス人に達する書	エフェ	エフェソの信徒への手紙
フィリッピ人に達する書	フィリ	フィリピの信徒への手紙
コロサイ人に達する書	コロ	コロサイの信徒への手紙
フェサロニカ人に達する前書	1フェ	テサロニケの信徒への手紙
フェサロニカ人に達する後書	2フェ	テサロニケの信徒への手紙
ティモフェイに達する前書	1ティ	テモテへの手紙一
ティモフェイに達する後書	2ティ	テモテへの手紙二
ティトに達する書	ティト	テトスへの手紙
フィリモンに達する書	フィリモ	フィレモンへの手紙
エウレイ人に達する書	エウ	ヘブライ人への手紙
神学者イオアンの黙示録	黙	ヨハネの黙示録

訳者プロフィール

長司祭 イオアン 長屋 房夫（ながや・ふさお）

1950年北海道生まれ。1969年ソビエト連邦（現・ロシア連邦）のロシア正教会モスクワ総主教庁レニングラード神学校・神学大学（現・サンクト・ペテルブルグ市）留学、1976年卒業。1976年ギリシャ国立アテネ大学神学部へ国費留学、1980年卒業。1980年モスクワにて司祭に叙聖され、ロシア正教会駐日代表部（ポドウォリエ）教会の司祭として現在（長司祭）に至る。

ニコライ学院 ロシア語講師 (1987-1996年)、慶応義塾大学非常勤講師 文学部哲学倫理特殊「東方正教」(1997-1999 年)、早稲田大学 非常勤講師 文学学術院・第二文学部思想・宗教系演習「東方正教会」(1999-2016年)、東京女子大学文理学部非常勤講師「世界のキリスト教」(2005-2012年)、法政大学ロシア語兼任講師（2001-現在）

聖体礼儀の注解

発行日………2021年3月25日 初版

著　者………ニコラオス・カバシラス
訳　者………長屋 房夫
発行者………阿部川直樹
発行所………有限会社 教友社
275-0017 千葉県習志野市藤崎6-15-14
TEL047（403）4818　FAX047（403）4819
URL http://www.kyoyusha.com
印刷所………株式会社シナノパブリッシングプレス

ISBN978-4-907991-70-8 C3016